心一堂術數古籍珍本叢刊

書名：命相談奇（虛白廬藏本）第五集
系列：心一堂術數古籍珍本叢刊　星命類　相術類　第三輯　315
作者：【民國】齊東野
主編、責任編輯：陳劍聰
心一堂術數古籍珍本叢刊編校小組：陳劍聰　素聞　鄒偉才　虛白盧主　丁鑫華

出版：心一堂有限公司
通訊地址：香港九龍旺角彌敦道六一〇號荷李活商業中心十八樓〇五－〇六室
深港讀者服務中心：中國深圳市羅湖區立新路六號羅湖商業大廈負一層〇〇八室
電話號碼：(852)9027-7110
網址：publish.sunyata.cc
電郵：sunyatabook@gmail.com
網店：http://book.sunyata.cc
淘寶店地址：https://sunyata.taobao.com
微店地址：https://weidian.com/s/1212826297
臉書：https://www.facebook.com/sunyatabook
讀者論壇：http://bbs.sunyata.cc/

版次：二零二零年四月初版
平裝

定價：港幣　九十八元正
新台幣　四百五十元正

國際書號：ISBN 978-988-8583-20-1

香港發行：香港聯合書刊物流有限公司
地址：香港新界大埔汀麗路36號中華商務印刷大廈3樓
電話號碼：(852)2150-2100
傳真號碼：(852)2407-3062
電郵：info@suplogistics.com.hk

台灣發行：秀威資訊科技股份有限公司
地址：台灣台北市內湖區瑞光路七十六巷六十五號一樓
電話號碼：+886-2-2796-3638
傳真號碼：+886-2-2796-1377
網絡書店：www.bodbooks.com.tw
台灣秀威書店讀者服務中心：
地址：台灣台北市中山區松江路二〇九號一樓
電話號碼：+886-2-2518-0207
傳真號碼：+886-2-2518-0778
網絡書店：http://www.govbooks.com.tw

中國大陸發行　零售：深圳心一堂文化傳播有限公司
深圳地址：深圳市羅湖區立新路六號羅湖商業大廈負一層〇〇八室
電話號碼：(86)0755-82224934

心一堂微店二維碼

心一堂淘寶店二維碼

心一堂術數古籍 珍本叢刊 總序
整理

術數定義

術數，大概可謂以「推算（推演）、預測人（個人、群體、國家等）、事、物、自然現象、時間、空間方位等規律及氣數，並或通過種種『方術』，從而達致趨吉避凶或某種特定目的」之知識體系和方法。

術數類別

我國術數的內容類別，歷代不盡相同，例如《漢書・藝文志》中載，漢代術數有六類：天文、曆譜、五行、蓍龜、雜占、形法。至清代《四庫全書》，術數類則有：數學、占候、相宅相墓、占卜、命書、相書、陰陽五行、雜技術等，其他如《後漢書・方術部》、《藝文類聚・方術部》、《太平御覽・方術部》等，對於術數的分類，皆有差異。古代多把天文、曆譜、及部分數學均歸入術數類，而民間流行亦視傳統醫學作為術數的一環；此外，有些術數與宗教中的方術亦往往難以分開。現代民間則常將各種術數歸納為五大類別：命、卜、相、醫、山，通稱「五術」。

本叢刊在《四庫全書》的分類基礎上，將術數分為九大類別：占筮、星命、相術、堪輿、選擇、三式、讖諱、理數（陰陽五行）、雜術（其他）。而未收天文、曆譜、算術、宗教方術、醫學。

術數思想與發展——從術到學，乃至合道

我國術數是由上古的占星、卜筮、形法等術發展下來的。其中卜筮之術，是歷經夏商周三代而通過「龜卜、蓍筮」得出卜（筮）辭的一種預測（吉凶成敗）術，之後歸納並結集成書，此即現傳之《易

經》。經過春秋戰國至秦漢之際，受到當時諸子百家的影響、儒家的推崇，遂有《易傳》等的出現，原本是卜筮術書的《易經》，被提升及解讀成有包涵「天地之道（理）」之學。因此，《易・繫辭傳》曰：「易與天地準，故能彌綸天地之道。」

漢代以後，易學中的陰陽學說，與五行、九宮、干支、氣運、災變、律曆、卦氣、讖緯、天人感應說等相結合，形成易學中象數系統。而其他原與《易經》本來沒有關係的術數，如占星、形法、選擇，亦漸漸以易理（象數學說）為依歸。《四庫全書・易類小序》云：「術數之興，多在秦漢以後。要其旨，不出乎陰陽五行，生尅制化。實皆《易》之支派，傳以雜說耳。」至此，術數可謂已由「術」發展成「學」。

及至宋代，術數理論與理學中的河圖洛書、太極圖、邵雍先天之學及皇極經世等學說給合，通過術數以演繹理學中「天地中有一太極，萬物中各有一太極」（《朱子語類》）的思想。術數理論不單已發展至十分成熟，而且也從其學理中衍生一些新的方法或理論，如《梅花易數》、《河洛理數》等。

在傳統上，術數功能往往不止於僅僅作為趨吉避凶的方術，及「能彌綸天地之道」的學問，亦有其「修心養性」的功能，「與道合一」（修道）的內涵。《素問・上古天真論》：「上古之人，其知道者，法於陰陽，和於術數。」數之意義，不單是外在的算數、歷數、氣數，而是與理學中同等的「道」、「理」--心性的功能，北宋理氣家邵雍對此多有發揮：「聖人之心，是亦數也」、「萬化萬事生乎心」、「心為太極」。《觀物外篇》：「先天之學，心法也。……蓋天地萬物之理，盡在其中矣，心一而不分，則能應萬物。」反過來說，宋代的術數理論，受到當時理學、佛道及宋易影響，認為心性本質上是等同天地之太極。天地萬物氣數規律，能通過內觀自心而有所感知，即是內心也已具備有術數的推演及預測、感知能力；相傳是邵雍所創之《梅花易數》，便是在這樣的背景下誕生。

《易・文言傳》已有「積善之家，必有餘慶；積不善之家，必有餘殃」之說，至漢代流行的災變說及讖緯說，我國數千年來都認為天災，異常天象（自然現象），皆與一國或一地的施政者失德有關；下至家族、個人之盛衰，也都與一族一人之德行修養有關。因此，我國術數中除了吉凶盛衰理數之外，人心的德行修養，也是趨吉避凶的一個關鍵因素。

術數與宗教、修道

在這種思想之下，我國術數不單只是附屬於巫術或宗教行為的方術，又往往是一種宗教的修煉手段--通過術數，以知陰陽，乃至合陰陽（道）。「其知道者，法於陰陽，和於術數。」例如，「奇門遁甲」術中，即分為「術奇門」與「法奇門」兩大類。「法奇門」中有大量道教中符籙、手印、存想、內煉的內容，是道教內丹外法的一種重要外法修煉體系。甚至在雷法一系的修煉上，亦大量應用了術數內容。此外，相術、堪輿術中也有修煉望氣（氣的形狀、顏色）的方法；堪輿家除了選擇陰陽宅之吉凶外，也有道教中選擇適合修道環境（法、財、侶、地中的地）的方法，以至通過堪輿術觀察天地山川陰陽之氣，亦成為領悟陰陽金丹大道的一途。

易學體系以外的術數與的少數民族的術數

我國術數中，也有不用或不全用易理作為其理論依據的，如揚雄的《太玄》、司馬光的《潛虛》。也有一些占卜法、雜術不屬於《易經》系統，不過對後世影響較少而已。

外來宗教及少數民族中也有不少雖受漢文化影響（如陰陽、五行、二十八宿等學說。）但仍自成系統的術數，如古代的西夏、突厥、吐魯番等占卜及星占術，藏族中有多種藏傳佛教占卜術、苯教占卜術、擇吉術、推命術、相術等；北方少數民族有薩滿教占卜術；不少少數民族如水族、白族、布朗族、佤族、彝族、苗族等，皆有占雞（卦）草卜、雞蛋卜等術，納西族的占星術、占卜術，彝族畢摩的推命術、占卜術……等等，都是屬於《易經》體系以外的術數。相對上，外國傳入的術數以及其理論，對我國術數影響更大。

曆法、推步術與外來術數的影響

我國的術數與曆法的關係非常緊密。早期的術數中，很多是利用星宿或星宿組合的位置（如某星在某州或某宮某度）付予某種吉凶意義，并據之以推演，例如歲星（木星）、月將（某月太陽所躔之宮次）等。不過，由於不同的古代曆法推步的誤差及歲差的問題，若干年後，其術數所用之星辰的位置，已與真實星辰的位置不一樣了；此如歲星（木星），早期的曆法及術數以十二年為一周期（以應地支），與木星真實周期十一點八六年，每幾十年便錯一宮。後來術家又設一「太歲」的假想星體來解決，是歲星運行的相反，週期亦剛好是十二年。而術數中的神煞，很多即是根據太歲的位置而定。又如六壬術中的「月將」，原是立春節氣後太陽躔娵訾之次而稱作「登明亥將」，至宋代，因歲差的關係，要到雨水節氣後太陽才躔娵訾之次，當時沈括提出了修正，但明清時六壬術中「月將」仍然沿用宋代沈括修正的起法沒有再修正。

由於以真實星象周期的推步術是非常繁複，而且古代星象推步術本身亦有不少誤差，大多數術數除依曆書保留了太陽（節氣）、太陰（月相）的簡單宮次計算外，漸漸形成根據干支、日月等的各自起例，以起出其他具有不同含義的眾多假想星象及神煞系統。唐宋以後，我國絕大部分術數都主要沿用這一系統，也出現了不少完全脫離真實星象的術數，如《子平術》、《紫微斗數》、《鐵版神數》等。後來就連一些利用真實星辰位置的術數，如《七政四餘術》及選擇法中的《天星選擇》，也已與假想星象及神煞混合而使用了。

隨着古代外國曆（推步）、術數的傳入，如唐代傳入的印度曆法及術數，元代傳入的回回曆等，其中我國占星術便吸收了印度占星術中羅睺星、計都星等而形成四餘星，又通過阿拉伯占星術而吸收了其中來自希臘、巴比倫占星術的黃道十二宮、四大（四元素）學說（地、水、火、風），並與我國傳統的二十八宿、五行說、神煞系統並存而形成《七政四餘術》。此外，一些術數中的北斗星名，不用我國傳統的星名：天樞、天璇、天璣、天權、玉衡、開陽、搖光，而是使用來自印度梵文所譯的：貪狼、巨門、祿存、文曲，廉貞、武曲、破軍等，此明顯是受到唐代從印度傳入的曆法及占星術所影響。如星命術中的《紫微斗數》及堪輿術中的《撼龍經》等文獻中，其星皆用印度譯名。及至清初《時憲曆》，置閏之法則改用西法「定氣」。清代以後的術數，又作過不少的調整。

此外，我國相術中的面相術、手相術，唐宋之際受印度相術影響頗大，至民國初年，又通過翻譯歐西、日本的相術書籍而大量吸收歐西相術的內容，形成了現代我國坊間流行的新式相術。

陰陽學——術數在古代、官方管理及外國的影響

術數在古代社會中一直扮演着一個非常重要的角色，影響層面不單只是某一階層、某一職業、某一年齡的人，而是上自帝王，下至普通百姓，從出生到死亡，不論是生活上的小事如洗髮、出行等，大事如建房、入伙、出兵等，從個人、家族以至國家，從天文、氣象、地理到人事、軍事，從民俗、學術到宗教，都離不開術數的應用。我國最晚在唐代開始，已把以上術數之學，稱作陰陽（學），行術數者稱陰陽人。（敦煌文書、斯四三二七唐《師師漫語話》：「以下說陰陽人謾語話」，此說法後來傳入日本，今日本人稱行術數者為「陰陽師」）。一直到了清末，欽天監中負責陰陽術數的官員中，以及民間術數之士，仍名陰陽生。

古代政府的中欽天監（司天監），除了負責天文、曆法、輿地之外，亦精通其他如星占、選擇、堪輿等術數，除在皇室人員及朝庭中應用外，也定期頒行日書、修定術數，使民間對於天文、日曆用事吉凶及使用其他術數時，有所依從。

我國古代政府對官方及民間陰陽學及陰陽官員，從其內容、人員的選拔、培訓、認證、考核、律法監管等，都有制度。至明清兩代，其制度更為完善、嚴格。

宋代官學之中，課程中已有陰陽學及其考試的內容。（宋徽宗崇寧三年〔一一零四年〕崇寧算學令：「諸學生習……並曆算、三式、天文書。」「諸試……三式即射覆及預占三日陰陽風雨。天文即預

定一月或一季分野災祥，並以依經備草合問為通。」

金代司天臺，從民間「草澤人」（即民間習術數人士）考試選拔：「其試之制，以《宣明曆》試推步，及《婚書》、《地理新書》試合婚、安葬，並《易》筮法，六壬課、三命、五星之術。」（《金史》卷五十一・志第三十二・選舉一）

元代為進一步加強官方陰陽學對民間的影響、管理、控制及培育，除沿襲宋代、金代在司天監掌管陰陽學及中央的官學陰陽學課程之外，更在地方上增設陰陽學課程（《元史・選舉志一》：「世祖至元二十八年夏六月始置諸路陰陽學。」）地方上也設陰陽學教授員，培育及管轄地方陰陽人。（《元史・選舉志一》：「（元仁宗）延祐初，令陰陽人依儒醫例，於路、府、州設教授員，凡陰陽人皆管轄之，而上屬於太史焉。」）自此，民間的陰陽術士（陰陽人），被納入官方的管轄之下。

至明清兩代，陰陽學制度更為完善。中央欽天監掌管陰陽學，明代地方縣設陰陽學正術，各州設陰陽學典術，各縣設陰陽學訓術。陰陽人從地方陰陽學肄業或被選拔出來後，再送到欽天監考試。（《大明會典》卷二二三：「凡天下府州縣舉到陰陽人堪任正術等官者，俱從吏部送（欽天監），考中，送回選用；不中者發回原籍為民，原保官吏治罪。」）清代大致沿用明制，凡陰陽術數之流，悉歸中央欽天監及地方陰陽官員管理、培訓、認證。至今尚有「紹興府陰陽印」、「東光縣陰陽學記」等明代銅印，及某某縣某某之清代陰陽執照等傳世。

清代欽天監漏刻科對官員要求甚為嚴格。《大清會典》「國子監」規定：「凡算學之教，設肄業生。滿洲十有二人，蒙古、漢軍各六人，於各旗官學內考取。漢十有二人，於舉人、貢監生童內考取。附學生二十四人，由欽天監選送。教以天文演算法諸書，五年學業有成，舉人引見以欽天監博士用，貢監生童以天文生補用。」學生在官學肄業、貢監生肄業或考得舉人後，經過了五年對天文、算法、陰陽學的學習，其中精通陰陽術數者，會送往漏刻科。而在欽天監供職的官員，《大清會典則例》「欽天監」規定：「本監官生三年考核一次，術業精通者，保題升用。不及者，停其升轉，再加學習。如能黽勉供職，即予開復。仍不及者，降職一等，再令學習三年，能習熟者，准予開復，仍不能者，黜退。」除定期考核以定其升用降職外，《大清律例》中對陰陽術士不準確的推斷（妄言禍福）是要治罪的。《大清律例・一七八・術七・妄言禍福》：「凡陰陽術士，不許於大小文武官員之家妄言禍福，違者杖一百。其依經推算星命卜課，不在禁限。」大小文武官員延請的陰陽術士，自然是以欽天監漏刻科官員或地方陰陽官員為主。

官方陰陽學制度也影響鄰國如朝鮮、日本、越南等地，一直到了民國時期，鄰國仍然沿用着我國的多種術數。而我國的漢族術數，在古代甚至影響遍及西夏、突厥、吐蕃、阿拉伯、印度、東南亞諸國。

術數研究

術數在我國古代社會雖然影響深遠，「是傳統中國理念中的一門科學，從傳統的陰陽、五行、九宮、八卦、河圖、洛書等觀念作大自然的研究。……傳統中國的天文學、數學、煉丹術等，要到上世紀中葉始受世界學者肯定。可是，術數還未受到應得的注意。術數在傳統中國科技史、思想史，文化史、社會史，甚至軍事史都有一定的影響。……更進一步了解術數，我們將更能了解中國歷史的全貌。」（何丙郁《術數、天文與醫學中國科技史的新視野》，香港城市大學中國文化中心。）

可是術數至今一直不受正統學界所重視，加上術家藏秘自珍，又揚言天機不可洩漏，「（術數）乃吾國科學與哲學融貫而成一種學說，數千年來傳衍嬗變，或隱或現，全賴一二有心人為之繼續維繫，賴以不絕，其中確有學術上研究之價值，非徒癡人說夢，荒誕不經之謂也。其所以至今不能在科學中成立一種地位者，實有數因。蓋古代士大夫階級目醫卜星相為九流之學，多恥道之；而發明諸大師又故為惝恍迷離之辭，以待後人探索；間有一二賢者有所發明，亦秘莫如深，既恐洩天地之秘，復恐譏為旁門左道，始終不肯公開研究，成立一有系統說明之書籍，貽之後世。故居今日而欲研究此種學術，實一極困難之事。」（民國徐樂吾《子平真詮評註》，方重審序）

現存的術數古籍，除極少數是唐、宋、元的版本外，絕大多數是明、清兩代的版本。其內容也主要是明、清兩代流行的術數，唐宋或以前的術數及其書籍，大部分均已失傳，只能從史料記載、出土文獻、敦煌遺書中稍窺一鱗半爪。

術數版本

坊間術數古籍版本，大多是晚清書坊之翻刻本及民國書賈之重排本，其中豕亥魚魯，或任意增刪，往往文意全非，以至不能卒讀。現今不論是術數愛好者，還是民俗、史學、社會、文化、版本等學術研究者，要想得一常見術數書籍的善本、原版，已經非常困難，更遑論如稿本、鈔本、孤本等珍稀版本。在文獻不足及缺乏善本的情況下，要想對術數的源流、理法、及其影響，作全面深入的研究，幾不可能。

有見及此，本叢刊編校小組經多年努力及多方協助，在海內外搜羅了二十世紀六十年代以前漢文為主的術數類善本、珍本、鈔本、孤本、稿本、批校本等數百種，精選出其中最佳版本，分別輯入兩個系列：

一、心一堂術數古籍珍本叢刊

二、心一堂術數古籍整理叢刊

前者以最新數碼（數位）技術清理、修復珍本原本的版面，更正明顯的錯訛，部分善本更以原色彩色精印，務求更勝原本。并以每百多種珍本、一百二十冊為一輯，分輯出版，以饗讀者。

後者延請、稿約有關專家、學者，以善本、珍本等作底本，參以其他版本，古籍進行審定、校勘、注釋，務求打造一最善版本，方便現代人閱讀、理解、研究等之用。

限於編校小組的水平，版本選擇及考證、文字修正、提要內容等方面，恐有疏漏及舛誤之處，懇請方家不吝指正。

心一堂術數古籍 珍本 整理 叢刊編校小組

二零零九年七月序

二零一四年九月第三次修訂

命相談奇

眞人眞事 不可思議

齊東野著

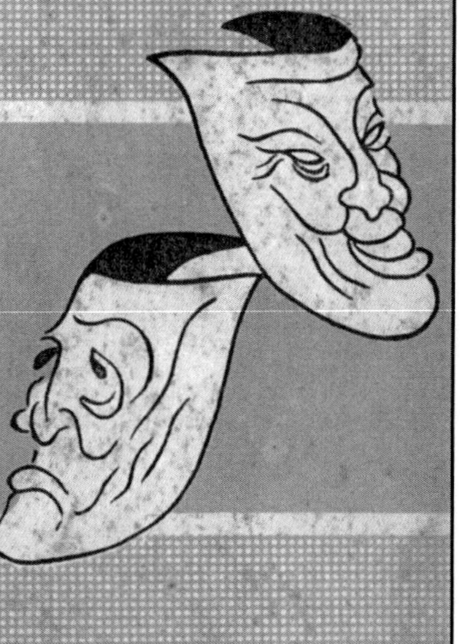

第五集

一九六四年三月十日初版

命相談奇　第五集

定價：港幣一元六角

著作者：齊東野

出版者：宇宙出版社
香港活道十四號六樓

發行者：長興書局
香港大道西三〇五號
電話：四三〇二一六

吳興記報社
香港利源東街廿六號二樓

遠東文化有限公司
星加坡廈門街十九號

承印者：同興印務公司
香港灣仔廈門街二十三號

命相談奇

第五集

齊東野著

香港宇宙出版社印行

第五集目錄

一：強盜抽死簽　生死早有定論

關於美國故總統死於非命的相，在他的眼睛藏兇又係副三角形，在上集說過後，不少關心甘廼廸之死，以及對相術有興趣的人士，從甘廼廸的照片上都可能得到了正確的解答了，也有人問我，所謂「三角眼」在相書找不到。這大概是只看一般粗淺的相書，只畫三十六型的。其實這是一般相書抄襲古書的一點輪廓而已，若論眼型也何止三十六種。

不過，若把它細分不下一百種，而主要的，也可以把它分爲十幾個類型，如：貴、賤、富、貧、壽、夭、智、愚、善、惡、樂、苦、貞廉、淫亂、和樂、刑尅以及善終、惡死等。而所謂「兇光」和「三角」等，都屬於「惡死」類型；這個類型還有所謂「豬眼」「狼眼」「蜂目」「熊目」「露睛」「紅光」等等，高級的相書才有詳細的舉例。

就三角眼來說，古相書中有兩句要訣這樣說：「目有三角，其人必惡；」「三角有光，賊性難防。」如果對於看相沒有經驗而只是盡信書，同時只要字面上解釋的話，那就會很大的錯誤。因爲相書上的古歌和口訣之類，大都每句只要用四個字，求其簡單易記，難免有簡而未明之弊，比如「目有三角，其人必惡」的「惡」字並不是「惡人」而是「惡死」。依相術上經驗所得的論斷，三角眼的人未必都是惡人，有的却是善人；但惡死却是事實？凡是三角眼的人，從來沒有發現過一個不死于非命的，而且必定死於刀槍之下。所以這個惡應作「惡死」看，才會不錯。

再如所謂「三角有光，賊性難防」的「賊」字也不是「偸賊」之意，而是「殘賊」（兇猛）之意，三角眼已是不好，再加上「兇光」當然更不好了。依經驗所得，「偸竊」之賊的眼相不是三角形而是「鼠眼」；同時也不是「有光」，而是眼睛「不定」。所以「盡信書，則不如無書」，相之術重在經驗，若無經驗，切不可只看看了兩三本粗淺的相書就替人論相，那是會害人的，不可不戒。

人的性情可以說完全表現於眼睛上面，根據生理學和醫學上所說的，我們每日消耗精力最大的也就是眼睛。我們看人也只有看眼睛最爲可靠。所以人相的眼睛實是主要部分，一生吉凶善惡，都可以在眼睛看得分明的。

就通俗相術來說，看人的「聰明」或「愚拙」；看人的「慈善」或「兇惡」；看人的「快樂」或「苦惱」；看人的「貞廉」或「淫亂」；看人的「忠厚」或「詭詐」等性格，都很容易看得準的。當然這也需要經驗，年事老的人，世故深的人，對上述各種的觀察，可能比看相先生更準確。

舍親端木君曾告訴我一件故事，他有一個上海工部局學校畢業姓單的同學，在上海提籃橋監獄裡當課長二十幾年。

他原是上海人，對于上海下層階級情形很熟悉，所以學校一畢業就被派到租界法院裡做事，不久調到監獄裡當課長。當他還在法院裡當科員的時候，有一天被派到提籃橋監獄裡去守提幾個强盜殺人犯過堂。

强盜一共五個人，共同路刧並開槍殺死兩個人。若依强盜殺人罪論，五個人都要判處死刑的。那天把他們提堂是第二次的偵察庭，還沒有宣判。强盜自己明白，如果他們是被共同殺人罪起訴的話，他們五個人是一條命，統統要被判死刑的。但如果能夠由一人出來承認是他一手殺死兩人的話，就可能只有一人判死刑，而其他四人可能判有期或無期徒刑的。强盜們原曾有誓約，說是萬一不幸需要一個去當死的話，彼此用抽簽的辦法，誰抽到當死的，誰去承認殺人。這誓約是在被捕前約好的。

被捕之後，他們知道那天行刧會打死兩個人，也知道那兩人是誰打死的，但因他們沒有機會在一起抽簽，大家就只好都不承認殺人，希望有機會在一起抽簽，如果沒有機會抽簽，大家就只好一道死。這原也是「强盜有道」的一種所謂義氣。他們沒有宣判的犯人原只在看守所裡，不能關到提籃橋監獄裡的，因爲監獄所關的犯人都已宣判了的。

那次由於看守所人滿爲患，只好暫時把重要的强盜殺人犯移去提籃橋寄押了。這情形在上海是常有的。

這是他們可能聚首抽簽的機會。如果他們是關在看守所的話，他們五個人是隔離囚禁也是個別訊問的。現在他們寄押在提籃橋，固然也是隔離囚禁，提堂時候却是五個人一起押在一個囚車上的。他們知道提訊時有此時會，於是就由一個年紀最大綽號「白狐狸」的預備好了五個紙丸。

他們當被提出囚房時，法警就對他們一個個警告說：「你們在囚車上見面時不許說話！法院裡的單科員在車上，你們若不聽我的話，我就要碰釘子的，希望你們不要累我聽閒話。」

强盜們知道這是老規矩。但如果車上沒有法院裡的單科員的話，同時身上有些現欵送他們作飲茶錢的話，這老規矩自然也可以開一眼閉一眼過去的。可惜他們那天五個人身上都沒有錢，所以只好準備彼此不通話了。

好在這個綽號「白狐狸」的老强盜，早就料想到他們可能不許說話的，所以他走出囚房時手中就藏着五個紙丸。上囚車時候，因爲他是老大哥，其他四個强盜雖在默默不說話中，都用極機警的眼光注視白狐狸，他們相信白狐狸會在這個五人都在一起時有所暗示的。

就在上車的時候，他在法警們忙着上車之際，就放開手掌，把五個紙丸給他們看見了。他們立即知道這就是「抽死簽」了。

白狐狸知道他們四人都看見了紙丸，就做了一個顏色，叫他們都假裝閉着眼睛，表示大家都在靜養精神準備上法庭時答辯的，當然也表示他們决定在囚車不說話的意思。囚車開了，車裡一共有强盜五人，法警五人連單科員一共十一人，默默無聲。

在車行半路上，白狐狸突然向他們四位面前伸手，五個紙丸呈現在掌上。其他四人也迅雷不及掩耳地，伸手各人拿了一個紙丸。白狐狸掌上還剩下一個。

此時，單科員和五個法警當然都看見了。五個法警就去搶各人所看管的强盜手中的紙丸。頭一個打開白狐狸手中的一個一看，只是一張白紙；第二個也是白紙；第三個，也是白紙；第四個，白紙當中有鉛筆畫的一隻鴨蛋；第五個，也是一張白紙。於是四個强盜就對那個拿了鴨蛋的强盜，異口同聲地說一聲：「張八，難爲你了！」

大家在看張八，但張八沒有說話，只是向他們四人一看，就低着頭在默想自己的命運。

「抽死簽？你們眞是可惡！」單科員明白他們是在抽死簽，這既是强盜的常事，而事情也已被你們做成功了，無可奈何。便轉過頭對那個抽了簽的張八說：「張八，你拿到了紅鴨蛋是嗎？」

「是。」

「你認爲這是公平的嗎？」單科員又這樣問。

强盜張八道：「不特是最公平的，而且是命定的。」

他又對其他四個同夥說：「今天就是沒有機會抽簽的話，我也決定上庭時，承認那兩個人是我一手打死的！」

「無論如何我們總算難爲你了，」白狐狸一手拍着胸膛說：「你家裏的事，我可以完全負責，你可安心。」

「不許再說話了！」一個法警對他們喝了一聲，「你們的簽也抽過了，還有什麽話可說呢。」

大約經過了五分鐘的沉寂，犯人中有一個說話：「警長先生，請你讓我說一句可以嗎？」

五個法警都不敢囘答。大家眼睛都向單科員注視。

「你叫什麽名字？你想說什麽話？」單科員看見大家都注視着他，他一面就對五個法警說：「本來不許他們說話，怕的就是他們要商量口供，現在他們連抽死簽都做了，就聽他們說幾句話罷。」

於是那個請求准許他說話的强盜說：「我名叫朱阿昌。我想和張八說一句與本案無關的話。」

「好吧，你說。」單科員答應了他。

此時張八還是低着頭在想他的心事，而朱阿昌就對張八說：「八哥，如果剛剛不抽簽的話，我也和你一樣想，我願意去當死的，因爲我家裏沒有人，我死了無所謂的，現在你既然抽到了籤，那末，我應該對你要做什麽事，請你吩咐我，我就是死，也要做到的。」

此時張八就舉起頭來看看朱阿昌，用沉重的聲音說：「死是我命事定的，與抽籤無關，抽到要死，不抽到也要死，你不必不安心。我的女人明年中秋節就要出嫁的，我不願意我的孩子做拖油瓶跟她嫁人；明年他才八歲，要求你，如果你明年還不能出獄的話，就轉托一個人把他送回我的鄉下老家，交給我母親去撫養，以後每月只要三十塊大洋就夠他們過活了。隨你的心，維持到他十六歲，也就可以了。千萬吩咐我母親，要他在鄉下耕田，永遠不要讓他來上海。」

「好的，我一定做到。還有別的事嗎？」朱阿昌問。

張八輕搖他的頭，沒有話說，伏下頭，流淚了。

「男子漢一人做事一人當，你們都是好漢，何以你們五個人做的事，而又用抽籤的辦法，獨讓張八一個人去當死呢，而且他有妻子又有孩子。」

單科員又問：「到底那兩人是誰打死的？我看不是張八打死的。」

張八聽見單科員這樣說，猛然昂起頭來，拭乾眼淚，對單科員說：「當然是我一個人打死的，我這口供永遠不會改變的，求你科員做個好事，不要把抽簽的事報告上去，免我們多受苦，也讓我早些判罪，早些歸天好了。」

「你要我不報告是可以答應你的，因爲我知道你們既然死簽抽定了，我就報告上去也沒有用。」單科員又說：「但我要問你一事，頭先你曾說，今天就是不抽簽，你也決定承認那兩人都是你一手打死，這到底是何道理？剛剛我看見你流眼淚，你既然是怕死，也是人之常情，那個不怕死？但你又何必自願替死呢？」

「剛剛我流眼淚，不是爲我自己流，而是爲我的孩子流；而我之所以自願當死，也不是我替他們那一位去死，而是我自己命定的當死。本來若是不抽簽，我已經決定去當死的，現在既然抽簽決定，竟然我又抽到死簽，可見我的命定該死，一點也不錯了。」張八慨然說：「算了罷，八年前我已經知道二十八歲要死於非命的，今年我剛剛是二十八歲。」

單科員自幼就入上海工部局小學讀英文，不相信什麼命運的事，此時他聽見張八這樣說，心裡明白這是指什麼算命看相之事的。

此時他好奇地說：「你說的是不是算命先生所說的命運？說一點給我聽聽看。我不相信有此事，難道你不做强盜，命運會强迫你去做强盜？你不殺人，命運會把手槍塞進你的手上？這只是你們自說自話的事，我不相信。」

「你不相信嗎？請聽我說給你聽。」於是張八滔滔不絕地說道：「八年前我二十一歲，正月元宵，我從浦東鄉間把鄰居的女孩子才十五歲騙來上海。我們兩人都在工廠裡做工。不久她生孩子了。就是現在的八歲孩子。有一天我們抱着孩子去遊城隍廟。走過一家看相舘的時候，有個看相先生無緣無故對我說：『小心，老弟！信不信由你，十五天之內，你有牢獄之災，謹慎爲要！』

「我把那個看相先生看了兩眼，我不相信我會有牢獄之災，因而我就鄙笑他一下，他看見我取笑他，又說：『你如果不信，今天你可以不看，只請你記住我的招牌叫做通天閣，等你牢獄之災過後來看還不遲；讓我告訴你倆夫妻一些後運。』」

看相先生竟然敢這樣確定的說張八十五天之內有牢獄之災，就不能不使這對年青的夫婦的注意。於是張八就問看相先生一句：「你看我的牢獄之災，到底爲的是何事？又要坐牢幾天？」

看相先生說：「爲着爭女人之事，坐牢三天。」

說罷，看相先生看出張八今天不會進去看相，又對他再三說：「記住我的招牌是通天舘，十五天之後請過來，修心補相，你要好好地修心才好，否則你這一生狂風巨浪，危險重重！」張八就對看相先生點點頭表示謝意就走了。

在路上，他不相信會有因爭女人之事而坐牢的，因爲他剛剛和妻子同居還未過年，而且兩人很情愛，自己一點也沒有其他女色的貪戀，那裡會有與人爭女人而吃官司呢，於是他便把看相先生的話當若耳邊風，吹過去就算了，並不去留意它。

過了大約第十天，中午的時候，他從上海南市江南造船廠放工出來，正想去路邊攤頭吃午飯。走在路上的時候，突然有人從後面抓住他的領頭。他回頭一看，不是別人，乃是他女人的胞兄。論親戚，他原是張八的內兄，可惜張八是把他的妹子拐騙走了，所以今天不是親戚，而是指張八爲「誘拐良家婦女」罪的原告了。

他對張八說：「你今天也會被我碰到了，你把我的妹子拐到那裡去了，一齊到警察局裡去理論。」

張八看見是自己妻子的胞兄，而且原是鄉下的鄰居，自知理短，一句話也沒有說，乖乖地跟着他走去警察局了。

到了警察局，張八承認去年把原告人的妹子拐來上海。於是警察局就把他扣留起來頂備明天解到地方法院去。南江造船廠是在華界裡，所以此案要交中國法院辦的。

女人的胞兄當然要先查他的妹子在那裡。張八就把自己在上海老西門家裡的地址開給他。女人的胞兄拿了地址去找妹妹，一見面，原來妹妹已經和張八生了一個男孩子，妹子當堂要求哥哥不要害張八吃官司，母子兩人是靠張八每日在造船廠裡做工養活的，如果張八坐牢，手停口就也停，母子兩人就要捱餓的。胞兄面對這木已成舟的事也無可奈何，只好於第二天偕同妹子到警察局去，說明他倆木已成舟，只好不加追究了，原本即日把張八釋放的，但因事關拐騙行爲，需要交保。因爲交保手續麻煩，直到第四天張八才從警察局釋放回家。

過了兩星期，張八想起那天城隍廟看相所預言的未免太靈驗，說他乃因爭女人之事要有三日牢獄之災一點也不爽。又說起看相先生那天曾說他的後運是「狂風巨浪，危險重重」。於是他不願意妻子在場，就抱了孩子說是要行街，自己就跑去離家不遠的城隍廟找那家通天閣相館了。

到了通天閣，他就抱着孩子走進去了。

看相先生認得他，就笑笑地對他說：「你來了，很好，很好！」張八也笑笑地點點頭。

看相先生問：「你是否有過三天的牢獄之災？是否因爲女人之事？」

「是。」張八答說：「是爲了我自己女人的事，不是爲別的女人的事。」

「那末你今天想來看看後運是嗎？」

「是。」張八就交了潤例，坐得端端正正的像個來看相的客人了。

看相先生把他看了一看，就說：「你和你的女人不是明婚正娶的嗎？」

看相先生又看看張八手上抱的小孩，說：「這孩子的相貌倒完全像你自己的。」

張八深怕看相先生誤會他的女人是與別人爭奪得來的，急急就聲明說：「是的，我們兩人雖然不是明婚正娶，但是自幼就相好了的，並不是和別的男人爭來的。前幾天我到警察局裡，爲的是她哥哥從鄉下來，路上碰着我，和我過不去，說我把他的妹妹拐來上海，後來知道我倆已經生了孩子，也就沒有事了。」

「是的，我知道你不是從別的男人手中搶過來，却是從你的岳家搶得來，而沒有經過明婚正娶，總是眞的。我那天也把你的女人相貌稍爲看了一下，她是一個未出閨門先有子的女人，所以我今天才敢這樣說的。」

張八一聽到自己的妻子是一個未出閨門先有子的女人，心裡一忡，就問：「你看我的女人相貌如何？將來不會有什麽事嗎？我們可以同甘共苦到老嗎？」

「同甘共苦倒是可以的，但是到老却有問題；」看相的說：「你記的嗎，我那天會對你說過你這一生是『狂風巨浪，危險重重』這句話嗎？就因爲我那天先發現了你們兩夫婦和這孩子的相貌是有特別的配合，後來注意你的氣色，又發現你有牢獄之災的。」

「是的，」張八說：「我今天就是要來請教你，我的後運究竟是如何的危險重重？又怎樣才可以修心補相？」

通天閣看相先生說：「我看相只是就相論相，相好說好，相壞說壞，不加半句，也不少半句，我是直說的，說你不好的地方，請你原諒！你要知道，有句話說，君子問禍不問福，因爲有福自然來，問禍可以事先避禍，能夠避禍也就等于得福了。」

看相先生又指着張八的眼睛說：「你的相，最不好的就是這一對眼睛。你自己發覺了沒有，滿眼紅光，而且大頭細尾，一生喜做不法冒險的事，而最後的結局也必是不好的，你自己要小心，十分注意！」

張八聽了一邊輕輕點頭，一邊就朝向桌上一隻鏡子看看自己的眼睛，說：「是的，我的眼白中有很多紅絲，是好早就發現了的，而大頭細尾自己倒還沒有留意過。」

他看了鏡子就問：「這紅絲到底有什麼不好？大頭細尾又是怎樣？我自幼就喜歡冒險，倒是實在情形，好幾次差些死掉的。」

看相的說：「滿眼血絲，是兇殺相，要殺人，也要被殺；如果能夠不殺人，不起殺人之念，也就可以不被殺。我可以斷言，你在過去這兩三年中，雖然沒有殺過人，但滿心在想殺人，殺心很重，是嗎？而且你常常是把殺戮之事和奸淫之事混在一起想，甚至也想做强盜，是嗎？」

這一段出於看相先生口中的話，却把張八說呆了。他心裡明白，看相先生簡直把他的心肝五臟都看出來了，所說一點也不錯。最近這兩三年來，他在鄉下奸汚了三個女孩子，而他的妻子就是最後的一人；因爲她是三個女孩中最美麗的，所以就把她拐來上海了。他在鄉下拜過拳師學過打拳，身上也經常藏着利刀，動輒和人打架。張八眞萬想不到這些事竟然被看相先生說出來了，他心中又驚又氣。

但他還不肯心服，又勉强問道：「這些事，你倒底從那裡看出來呢？又有什麽憑據沒有？可以說給我聽聽嗎？」

看相的說：「看相，就是從你的面相上看出來的。如果你要問我什麽證據，我就請你看看你孩子的眼睛。」

此時看相先生就指着張八手中所抱的孩子兩隻眼睛說：「他不特眼形完全像你，連紅絲也有了，你去看別的小孩子，絕對不會有這血絲的，這就是他成胎的前後，你既淫又兇，所以才得此種胎兒，這是你已經害了你的孩子了！」

張八看看自己懷中的孩子，心裡十分難過，就說：「那末我害了他，要怎樣呢？」

看相的說：「你害了他將來要和你一樣了，如果你再不改過積德，不特你結局十分不好，連這孩子將來也要不好結局的！」

「我將來怎樣呢？」張八急急追問：「我並不會殺過人，也不會做過强盜，只是有時心中想想而已，難道這想想就會怎樣？」

「古語說，相由心生，相由心改；你心中想想，就生成了你的相，也遺傳了你兒子的相了。」

看相的又說：「如果你從今起，能夠不想三件事：一件是奸淫；二件是盜；三件是殺人，那末，五年十年之後，你的相會改的，你兒子的相也會改的。否則，你二十八歲那年就有極大的危險，很可能死於非命！」

「二十八歲？」張八懷疑的說：「從前有個鄉下看相的，說我三十八歲走眼球和眼白運，有危險，你爲什麽說我二十八歲呢？二十八歲還沒有走到眼運呀！」

「是的。」看相先生解釋說：「雖然眼運是由三十五至四十歲，但你的印堂有冲破，正是二十八歲的時候，所以難免了。同時，我那天看見你的女人，她的相，十七歲應是未出閨門先有子，而廿四歲是尅夫，二十五歲是再嫁，你的女人是少你四歲嗎？如果是少你四歲，那末你兩夫妻的相完全配合了，而後運也完全注定了的。不過，相由心生，相由心改，你如肯改，還來得及，切記不可再行淫，不可做强盜，更不可想殺人。否則，你就要等待二十八歲的厄運了。」

這時候張八只是一個二十一歲的青年，生性惡劣，如果此次不是被看相的預言他要在十五天之內有牢獄之災，而應驗了的話，他是不肯相信看相所說的話的。牢獄之災的事既然應驗了，而妻子十七歲未出閨門先有子之事又被說對了，所以他不能不對看相先生低頭無語了。

但是，他雖然相信看相先生所說的話，却不肯依照看相先生所勸告的話去做。他由於生性不好，凡事不向好處去想，他不想去修心改相，反而想，旣然二十八歲有性命危險，那末何必一定辛辛苦苦的做人，不想個法子痛痛快快的過日子呢？於是，他第一步就踏進賭場，第二步踏舞場，第三步便於二十四歲開始當强盜去了。

現在是張八當强盜的第五年，也正是二十八歲，所以他相信這次是命中該死的了。明年他的妻子也正是二十五歲，今年二十四歲，今年尅夫明年再嫁，都應了通天閣看相在八年所預言的，還有什麽可說的呢？而今他心中所難過的，是他的兒子問題；因爲如果也如看相先生當年所說的預言，他將來也要和他一樣的結局，那就太慘了，因爲他只有這個孩子。

單科員聽見張八訴說了這些情形之後，覺得命運之事未免太奇妙了。但他心裡還是懷疑不肯就相信，他很想自己能夠找到如何證實張八所謂命中該死的證據。

他就問張八：「以前和你看過相的，現在還在嗎？」

「在，上月我還看見報紙上登他的廣告，招牌是通天閣。」

張八說：「如果你不相信的話，你可去問他，看相先生是江北人，操揚州口音，留着五柳鬚，去年我還帶過朋友去看過他的，他也還認得我，你給他說我是張八，他會知道的。」

那天五個强盜犯人解到法庭審問的時候，法官問他們，路劫那天，誰開槍把事主兩人打死。張八搶先承認是他開槍把事主打死。

法官問：「你們五個人，帶了幾支手槍出去？」

白狐狸答說：「一共三支槍。」

法官問：「你們那三位帶有了手槍？」

白狐狸說：「我有一支。」

張八說：「我帶一支。」

朱阿昌答：「我也有一支。」

於是法官就把那三支手槍拿了出來放在案上，咀裡就喊說：「這支老式左輪手槍是誰用的？」

白狐狸連忙答道：「是我用的。」

法官又拿起一支，問：「這支新式左輪是誰用的？」

朱阿昌答道：「是我用的。」

最後法官又問：「這支曲七是誰用的？」

張八答道：「是我用的。」

問答的時候，書記官都一一把口供紀錄下來。

「朱阿昌！你那天一共開了幾槍？」

「一共開了四槍。」朱阿昌供說。

法官又問：「你開了四槍，打中了幾個人？」

朱阿昌答：「因爲在夜裡，所以我不曉得有沒有打到了人。」

於是法官又叫一聲：「張八！你那天一共開了幾槍？」

「我也開了四槍。」張八答。

「你打中了幾個人？」法官問。

張八想了一想，答道：「好像打中了兩個人。」

最後法官問：「白學良！你那天一共開了幾槍？」

「我從來沒有開過槍，殺過人；」白狐狸答說：「所以我那天也沒有用過槍。」

法官問：「你的槍何以不裝子彈？」

「法官！那支老式左輪是不能用的，因爲配不到子彈。」

「那末你用它做什麽？」

白狐狸答道：「那只是做做樣子，帮帮忙的。」

法官看了白狐狸一眼，說：「噢，你只是個帮兇的，是嗎？」白狐狸點點頭。

法官問完了使用三支兇器的兇手之後，就問他們說：「你們知道那天你們開槍打死了幾人嗎？」

「不知道。」他們五個人一口這樣答供。

法官又說：「無論那天你們打死幾個人，就是只打死一個人，你們既然一起行刧，你們就犯了共同殺人罪，曉得嗎？」

「法官，一人作事一人當，」張八說：「那天我張八開了四槍，打中兩個人，如果有人被打死，那是我的罪；他們只是行刧，並無殺人。」

「張八。」法官說：「你爲什麽說假口供？」

「法官，我並沒有說假口供。」張八說：「難道我承認殺人，當死罪了，還有說假話之理嗎？」

法官向他笑一笑說：「剛才根據單科員報告，說你們在路上囚車裡抽死簽，你張八抽了死簽，對嗎？」

「不管抽死簽不抽死簽的事。」張八說：「槍是我開的，人是我打死的，抽死簽是這樣，不抽死簽也是這樣。」

「抽死簽不抽死簽是你們的事，我當法官的不會受你們的愚弄的。我一面根據你們的口供，更重要的一面要有事實證明。」

法官又說：「如果你張八有殺人的證據，你想不認罪，不可能；反過來說，如果你沒有證據，你想認死也不是容易的事。現在你張八已經認罪了，你要再提出你那天殺人證據來。」

張八挺起胸，昂着頭說道：「我那天開了四槍射中了兩人，這不是我的證據嗎？」

「是，你那天確然發了四個子彈，但你却無法證明你已射中了人。」

「法官，」張八說：「那天槍是我開的，我自己也就是人證，而我的槍也就是物證了，有人證，有物證，我自己也承認了，爲什麽不可以呢？難道還需要你法官在場，才算是人證嗎？」

「胡說！」法官看見張八態度不恭，口供不實，就罵道：「你這强盜實在可惡，你若再胡說，我就要給苦頭你吃！」

「法官，我並沒有胡說。」

「你是沒有胡說嗎？」法官說：「我先問你，那天夜裡，出事地點沒有路燈，你和朱阿昌一起，朱阿昌說因他黑夜看不見人，不知有沒有射中人，你何以能看見你確已射中了人呢？你如果看見了，你當能說出那人身上穿的是什麽衣服，是什麽顏色，你說得出，就相信你的話是眞，說不出，你便是胡說了。」

張八被法官一問，却呆着而說不出話來。於是法官就對他們說：「本案偵查已經完畢，你們口供通通都錄案了，靜候下次開庭即可起訴了。」

法官退堂之後，單科員又押解他們囘去提籃橋監獄。單科員在庭上眼見張八那種認罪當死的精神頗覺佩服。於是他在囚車裡就和張八說起話來。

上車時，單科員就對他們說：「今天偵查庭結束後，你們可以談話了。」

他又問張八說：「到底你那天射中了人沒有？」

張八答道：「我們已經知道那天被我們打死了兩個人，我雖然沒有看見我確已射中了人，但已經有人死了，那就無疑是我和朱阿昌兩人的事了，不是我就是他，不是他就是我。好在我那天開了四槍，如果只開一槍，我就無法代替朱阿昌担當了。現在只要我一人肯承認，法官就無法不判我殺了兩個人的，除非我下次臨時翻供。」

「依我的所知，像你們此種情形，有兩個人開槍，有兩個人被打死，如果再沒有更可靠的證據，證實是你張八一個人打死的話，你和朱阿昌兩人都可能以强盜殺人罪起訴的。因此，我想，你們所打算的由一個人去當死，恐怕不能如願。」

單科員又勸他們說：「下庭起訴時，我希望你們據實供認，既然你們都相信命運，就不必太勉强用强辭去奪理了。」

過了幾天，單科員帶了兩個人進入提籃橋監獄。他先到白學良囚房，叫白狐狸走到鐵門前和他說話。又走到朱阿昌的囚房，最後走到張八的囚房，都一樣和他們說了大約二十分的話。法院人員前來監獄調查犯人是常事，當他離開監獄走在路上時，單科員就問那兩個和他同行的人對這三個人有何高見。

原來單科員因爲那次聽張八說起過去看相如何靈驗之事，又看見張八那種義氣；就一面對看相的事作一嘗試，一面也看看張八是否一定要死，何以這種有義氣的人會沒得救；所以他就去請了兩位看相先生進入監獄，利用他和白狐狸、張八、朱阿昌說話的時候，叫看相先生在旁看看他們的氣色，到底如何。事先單科員也不會告訴看相先生說他們三人是强盜，只說是他的朋友，犯的是與人打架的傷害罪，請問看相的，他們三人何者可以出獄。

「單科員，你說他們是你的朋友，又是犯傷害罪，我倒不敢相信，」一個看相先生姓姜的這樣說：「他們三人都是巨竊大盜的相貌，而且其中有兩人，都有不久就會死亡的氣色。」

「有兩人？」單科員問：「那兩人？」

姓姜的還沒有答話，而另一個姓卞的先代答道：「頭先看的那兩人。」

「先看的那兩人？」單科員奇怪了，他說：「頭一個是姓白的，第二個是姓朱的，他兩人不久會死亡嗎？怎麽死？」

「死於非命！」姓卞的說。

「大概就是死于獄中吧！」姓姜的說。

單科員又用懷疑的口吻說：「你們兩人都看得沒有錯嗎？那末，你倆以爲最後看的那個沒有事嗎？」

姓姜的說：「並不是完全沒事，只是說他不致於和那兩人一樣要死於牢獄之中。」

「是的，他的氣色正在變化之中，看來，再過一個月，他死亡氣色就會退去的。」姓卞的這樣補充說了；又問道：「頭先二位，一個姓白，一個姓朱，而最後的這位又姓什麽？」

單科員答道：「他姓張，名八。」

「他們都是强盜嗎？」姓卞的又問。

於是單科員便對他倆說：「實不相瞞，他們三人確然你倆看得不錯都是强盜，但他們還都未曾判刑。」

他又說：「不過，依他們的情形，姓白和姓朱的兩人可能不至於判大刑，而張八倒可能判大刑的，你們爲什麽反而看他不致於死呢？這眞使我有莫名其妙之感了！」

說到這裡，單科員忽然記起一事，便對姓卞的看相先生說：「我今天到你那裡去，原想請你的老師來看的；因爲張八會對我說過，他八年前你老師說他今年二十八歲要死於非命。而今你們又說他不致於死，這又如何說法呢？」

「是的嗎？」姓卞的口裡輕聲自語：「張八，張八？」

好像在追憶一件事，原來單科員想請通天閣那位留有五柳鬍子看相先生看張八的，到了通天閣，姓卞的說他的老師因事囘去江北，要一個多月以後才能來，所以單科員只好把姓卞的請來了。那位姓姜的，是通天閣隔壁百靈居相館的主人，便順便也請他一齊來了。

姓卞的突然記起了一事，說道：「對的，我記起了，我老師的手册裡，今年應不死於非命的名單上確有張八這個名字，是否二十八歲，我就記不清了，張八既然對你說過，那大約就是他，不會錯的。」

他又作懷疑的樣子說：「那末，確然奇怪了，爲什麽他的氣色又在轉好呢？」

他正在猜疑的時候，百靈居看相姜先生解釋道：「我們兩人看的當不致於看錯；八年前邱老師看的也不致於看錯，其中當另有問題。」

他想了一下又說：「且等下月邱老師囘來，再來看一看，問一問，就會明白其中底細的。」

大約過了一個多月，强盜張八路刧殺人一案法院開庭起訴那天，檢察官根據前兩次的他們口供，又根據法醫在被害人的屍體上面所檢得的傷害報告書，提出罪名的起訴。法官宣讀起訴書的內容，面對出庭的白學良、朱阿昌和張八三個犯人的罪狀，作出下面幾個要點的宣讀：

第一、白學良乃强盜的首領，雖未曾開槍殺人，而身懷老式左輪手槍，意在指揮，恐嚇並帮兇。第二、張八身懷新式曲七手槍，在黑暗中向事主開槍四響。第三、朱阿昌身懷新式左輪手槍，在黑暗中向事主開槍四響。第四、張八因抽了死簽，自己承認開槍時曾射中兩個人。第五、朱阿昌當時因黑暗看不見有沒有射中人。第六、根據法醫從事主兩人的屍體上面驗得當時係死於槍傷。第七、但所檢出的子彈，並非張八的曲七子彈，而是朱阿昌的新式左輪子彈。第八、因此，朱阿昌、白學良和張八三人都以共同行刧殺人罪起訴了。

法官根據檢察官的起訴書，照例重覆向被告人三個强盜問了一遍，表示檢察官所起訴的是否與事實完全一致。此時張八突然起來對法官說：「錯了，錯了，那支新式左輪那天是我帶在身邊的；所以那兩個事主都是我打死的！」

這樣一來，把法庭上的空氣突然緊張起來了，張八要把以前的口供加以修正，目的不是逃罪，而是願意當死。法官就問：「張八，你在偵查庭上不是承認了那支曲七手槍是你用的嗎？爲什麼今天又說你那天帶的是左輪呢？」

張八立即解釋說：「我們三支手槍原是放在一起的，每次出去做生意（打刧）時，照規矩是由大哥先拿了那支老式左輪之後，又由他將其餘兩支發給我們的。平時白大哥都是把曲七發給我，把新左輪發給朱阿昌的；但那天我們出發時天已黑，白大哥拿了一支之後，我和朱阿昌就自己隨便去拿一支，所以拿錯了。其實我們有時也交換使用兩支槍，並沒有一定我用曲七，朱阿昌用左輪，所以那天出發時我是帶了左輪的。」

張八怕法官不相信，又解釋說：「我在偵查庭承認那支曲七是我用，乃依平日所習慣的說法，現在我記起了，那天開槍時覺得衝力很重，用的是左輪，不是曲七；所以我今天要求修正我的口供。這是我的認罪修正，不是不認罪的修正，所以敢請法官准我修正。」

法官聽了就問白學良，情形是否如此。白學良說，那天他們兩人自己去拿手槍是事實，至於有無拿錯，那就不知道了。

法官又問朱阿昌，朱阿昌答說：「我那天從出發到開槍，情緒都很緊張，所以這一切情形都記不清楚了，如果張八能夠記得清楚，就應依張八所說的，我前次在偵查庭所承認那支左輪是我所用，也是依平日的情形說的。現在我也請求修改我的口供，那天我用那一支手槍是記不清楚的。」

於是法官又問：「張八，你若只是這樣的理由，不足修正你的口供；你得有其他更充實的理由才可以，你還有其他的理由嗎？」

法官也對朱阿昌說：「朱阿昌，你也同樣情形，需要更好的理由，否則不能更正你的口供。」

張八想了大約有二三分鐘，說道：「我在偵查庭曾經說過，我開槍時好像射中了兩個人，現在果然被槍殺的是兩個人，而這兩個人屍體上所取出的子彈又同是左輪的子彈不是曲七的子彈，那就是證明那左輪手槍是我用的了。」

接着朱阿昌也說：「我那天既然看不見人，當然不能射中人；所以那支曲七所發的子彈應是我所發的，而左輪不是我發的。」

法官看見張八和朱阿昌二人如此爭辯，就對他們說：「你們不用再解釋了，檢察官控告你們共同殺人那是沒錯的；你朱阿昌承認使用那支左輪手；你張八承認開槍時射中了兩人；既然你們都開過槍，當然都可能打死人的。」

「噯喲！法官，這是不對的。」張八叫起來說：「那兩支槍原不是從我身上搜出來的，只是警察從路邊檢來；那末我們當時不承認是我們的，那末他應當怎樣判呢？」

法官說：「當時有路人看見你行刼不遂，又向事主開槍，而後來警察又根據路人所說的樣子，抓到了你們，這就是最好的人證了，就是當時沒有搜到你們的槍，你們的行刼殺人罪也要成立的。」

「那末，當時如果警察只在路旁檢得曲七一支沒有發現左輪手槍的話，你是否可以判我們開槍殺人罪？」張八又說：「如果我們只承認使用曲七，不承認用過左輪，那又當怎麼辦呢？難道曲七的手槍可以配上左輪的子彈嗎？」

法官說：「判罪要人證物證；路人和警察都是證人，而屍體上面左輪子彈是物證，只要是左輪子彈，是證明你們用過左輪手槍殺人了，找不到那支左輪是不要緊的。」

「那末，」張八又說：「既然是根據子彈判罪，現在屍體上面只有一種左輪子彈，而我們兩人用的是兩種槍，我既承認是我開的左輪槍，爲什麼我的話不成爲可靠的口供呢？殺人的只有一人，當然我是正犯，而其他的人，祇有行刼罪而無殺人罪，至多也祇是從犯，不能都一樣當做正犯論罪的。總之，殺人的只有我一個人。」

「好了，你不用多說了。」法官說：「我們總不致於枉屈你們。」

於是辯論宣告結束，只有靜候下一庭宣判了。無論如何，張八總算盡了他抽死簽的義氣，硬把朱阿昌應該當的罪搶去了。

這幾天，剛剛那位八年前和張八看過相的通天閣看相先生姓邱的，由鄉下回到上海了。他的學生和隔壁百靈居老板姜先生就把張八的事告訴了邱老師。

他們打開多年留下來的手冊一看，上面這樣記着：「張八，今年二十一歲。二十八歲當死於非命，積善有救。但出死入生的災難亦所難免。」

邱老師的學生卞先生和百靈居主就對邱老師說明張八在一月前氣色已在轉佳；但據報紙所登的張八受審情形看，他已承認行刼時開槍殺死了事主兩人；這樣看來，他的被判死刑也是鐵定了的；那末當時氣色何以又會轉佳呢？這是頗堪研究的問題了。邱老師當然相信他們兩位所看的氣色轉佳不致於看錯；那末這又是什麽道理呢？連邱老師也想不出了。這問題他們三人悶在心裏，欲求解決。

又過了幾天，上海報紙登載本埠新聞中，有一條題目是這樣寫：「極司非而路路刼殺人案，强盜兇手三人同判死刑。」

新聞記者也會把白學良、朱阿昌和張八的聞判神情描寫出來，說張八當庭抗議法官的判決，說殺死人只是他個人做的，何以也把白學良和朱阿昌也判死刑？難道兩粒子彈會是三個人開的？難道老式左輪和曲七手槍可以配上新左輪的子彈？

那天這新聞一登出，不特邱老師他們三人覺得有疑問，連法院的單科長以及法院裏有些人員聽見單科長談過張八以前的事，以及那次看相先生入監所說明的人，也都談論紛紛了。看相先生三人就想能夠入監去看看張八的氣色是否又有變壞的情形。於是就由下先生和百靈居主人姜先生兩位去拜訪單科員。

說明來意之後，單科員就滿口答應可以帶他們三位一道去提藍橋監獄，看看張八他們的相；因爲張八此次被判死刑，總算八年前已被邱老師看準了的，單科員歡迎他們去研究。

第二天，單科員就帶了三個看相先生進了提籃橋監獄。也照前次的路線，先經過白學良的囚房，次經過朱阿昌的囚房，最後來到張八的監所。三位看相先生也都把白學良和朱阿昌的相貌看了一下。他們的目的要看看張八的相，是否有了特殊的變化，到底是變壞或是變好。

當張八和單科員在談話的時候，他們三位看相先生已把張八的氣色看妥了。邱老師臉上露了笑容，而他的學生和百靈居主人也不知不覺地點點頭，表示他們三人對於張八的氣色有了同樣的看法。

單科員和張八談話時，張八並不注意其他三人，所以也還看不出邱老師是他所熟的的人。

單科員問張八：「你們的上訴期間還有一個星期，他們兩人都決定上訴，你當然也要上訴的了！」

「單科員，多謝你的好心好意！但我大概不上訴的，總是要死的，還是早一天執行就算，上訴多一件事不如少一件事，既麻煩，又拖了日子，何苦來！」張八又說：「我早就對你說過的，八年前，看相先生就說我今年要死於非命的，那還有什麼好說呢？」

此時卞先生就向單科員耳邊輕輕地問：「邱老師想和他說幾句話可以嗎？」單科員點點頭，嘴裏沒有說話。

於是邱老師就走前半步，靠近監房的鐵門，面對裏面說：「張八，你認得我嗎？」

張八看了邱老師兩眼。「啊，你是通天閣邱老師，我認得的，你爲什麼會到這裏來的？」

「我是特意來看你的。單科員很同情你，所以肯帶我們來，你身體還好嗎？」邱老師接着說：「你的女人和孩子還在上海住嗎？有什麼托我給你辦沒有？」

張八說：「邱老師，你的看相太靈了，一切都依你所看的成爲事實。今年我是二十八歲，我的女人是二十四歲，你八年前不是說過嗎，今年我當死，她尅夫，明年她再嫁嗎？我的那個孩子今年也八歲了。」

「你的氣色已經改變了，是好不是壞，今年你可能不會死的，你應當進行上訴。」邱老師又說：「前一個月，我回去鄉下，我的學生和隔壁的姜先生會來這裏看過你的氣色，他們已經發現你的氣色在轉好；但報紙上看到你的消息又不好，所以我們今天特地來看你。現在依我所看的，你的氣色已經轉變正常了，沒有死亡的樣子，你儘管進行上訴的。法院裏備有義務律師，只要你說一聲『不服，上訴』，他們就會替你辦的，也不花錢，何樂不爲？」

張八帶苦笑地說：「邱老師，你用不着安慰我了，我總是死定了的，我也不怕死，所以我此次承認那個事主都是由我一人開槍打死的。」他又解釋說：「我也知道上訴是不用花錢的，但徒自拖了日子，有什麽意思呢。」

「張先生，請你安心要聽邱老師的話，他不會騙你的，他爲什麽八年前不騙你，而現在反來騙你呢？你是一條好漢，我們知道的，不是怕死不怕死問題，而是該死不該死問題，我們三個人看的相總不會錯的，你今年命不當死。」

「命不該死？難道人的相也會改變的？」張八表示不相信地說：「八年前邱老師給我看的相，說的事，這八年來一點也不錯，那裏現在已經宣判死刑了還會改變呢！」

邱老師就接着對張八說：「相由心生，相由心改，人的相貌原是會改變的！」

他又記起八年前的往事，又說：「你記得嗎？那次你來看相，我不是勸你修心補相嗎？過去你沒有修心補相，所以一切就都接着相上所注定的成爲事實了，至於現在，我不知你會做了什麽好事，已把相局和氣色都改變了，今年你可以不死於非命的。」

「邱老師，我一向都沒有做過什麽好事，那有會改相的道理？雖然那兩個事主都不是我打死的，但我當時也向他們開了四個子彈，這四個子彈原也可以打死四個路人的，我還有什麼做好事的可言呢？」張八又說：「邱老師，我曾聽人說過人之將死的時候，會有『回光反照』的事，我是否回光反照呀？請你不要看錯了！」

卞先生就說：「不是回光反照的；只有病人將死才有回光反照的事，而且乃指精神說，不是氣色說的。病人將死之前常常心意特別清明一下，這叫做回光反照，並不是說氣色會轉好的。現在，你從上月起就開始轉好了，今天我看你的氣色，比上月更好了，一定不會死的，所以請你相信我們的話，要進行上訴，橫豎進行上訴，總是於你無損害的。」

「張八！」邱老師突然叫了一聲：「你剛才說，那兩個事主都不是你打死的，那是誰打死的？」

張八答：「朱阿昌打死的！」

「你怎麼知道是他打死的？」邱老師說：「既不是你打死的，爲什麼你會被判死刑呢？」

張八說：「法醫驗明那兩個事主是死於左輪手槍的子彈，而朱阿昌承認那手槍是他用的。」

「那手槍眞的是他用嗎？」

「眞的！」

「那末，你爲什麼被判死刑呢？」邱老師奇怪地問：「是否朱阿昌誣說是你打死他們嗎？」

此時張八還沒有答話，單科員就接着說：「說到這事，那就要先怪你老先生害了他了。」

他又解釋說：「因爲張八相信你八年前看相，說他今年必死，所以他就把朱阿昌的事搶去了，他承認那支左輪手槍是他用的，那兩人是他打死的！」

邱老師聽了忙着轉過頭來問：「張八，你眞的有此事嗎？」

張八點點頭，說：「我總是要死的，爲什麼不把朱阿昌的命救回來呢？」

邱老師喜形於色地急急伸過手和張八握握手，對他也看了衆人說：「好了，好了，你此次一定不會死了，你的改相就是這個道理了，你有好心，把的惡相改過來了，你一定要聽我的話，進行上訴！」

本來張八是不相信他們看相先生說的話，以爲他們只是安慰他，沒有理由使他相信自己的兇相會改的，但現在經過邱老師這樣的解釋，却有一些道理了。因爲他自己明白，他的的確確一被捕就想替朱阿昌當罪的；他們也都知道那天夜裏是他把那兩位事主打死的，於是張八心裏就有一些猶豫，如果有這改相的道理可以不死的話，也何必一定要死呢？他又想，如果自己可以不死，而那殺人的死罪總要有人承當的，那是否又要把它推到朱阿昌身上去呢？

他想到這裏又問邱老師說：「邱老師，你們看見過朱阿昌的相沒有？他也被判死刑的，到底怎麼樣呢？我如果上訴不死，是否要把死罪推到他身上去呢？」

張八慷慨地說：「不管法官要判朱阿昌死刑，我張八一言旣出，駟馬難追，我總不肯翻供不認罪的。」

「你不用問朱阿昌的相怎麼樣，也不用把殺人的罪推到他的身上；而且你也不必翻供，只說那天在黑暗開槍，祇想嚇嚇他們，希望嚇他們能把皮包放下，並無意殺死他們的。」

邱老師又教他證明無意殺人的理由說：「如果有意殺人，如果當時會看準了事主，爲什麼他倆中彈之後，我們沒有趕上去搶他的皮包呢？可知當時只是隨手向黑暗裏開槍而已。」

果然張八用邱老師所教他的這個理由，托由義務律師上訴，主要的理由是行刼「未遂」，殺人「誤殺」，不能引用「强盗殺人罪」判他死刑。當然朱阿昌和白學良二人更有辯護的理由了。

可是，上訴的結果並不滿意，朱阿昌和白學良二人雖然改判爲無期徒刑，而張八仍維持原判；因爲行刼是行爲的目的，强盗罪名已經成立。至於殺人，由於行刼所造成，雖然當時意在恐嚇，而事主兩人被殺亦係事實，所以張八仍維持死刑的原判，正如他所說的「多此一舉」。

高等法院一宣判，張八自己却覺得無所謂，他認爲命是該死的，看相邱老師只是一半安慰一半希望而已，一人做事一人當，殺人者死，他旣承認了殺人，就不能不死的，但這事却使看相先生邱老師他們認爲莫明其妙了。他們明明看張八的相是已經好轉了，何以還是維持死刑原判呢？

邱老師就叫卞先生打電話給單科員，問他關於張八維持原判，還有再上訴的辦法沒有。此時單科員對看相之事已有了很大的興趣，看見張八仍處死刑也覺得奇怪，何以看相的前八年能看得準，而這次偏看不準呢？因此在電話中也問到這個問題。卞先生告訴他，他們幾個人也對這問題在研究，如果此次張八會被判處死刑的話，他們認為太奇怪的事。

單科員告訴他說，强盜殺人罪只有二審沒有三審，就是說，有的罪何以再上訴於最高法院，而强盜只能上訴於高等法院，　高等法院二審後判定就無法再不服了，　這樣看來，張八是死定了的，宣判後將宣判書送到張八手裏就隨時可以執行絞刑的。最後單科員又在電話中說，如果邱老師有意再去看張八的話，他還可以帶他們進監獄的。

第二天果然邱老師又隨單科員進入監獄，照樣也先看了朱阿昌和白學良，奇怪的，他們都看定朱白二人的氣色顯然仍是變壞不會改好，雖然他倆已從死刑改為無期徒刑。最後又看到了張八。邱老師他們三人都聚精滙神地對張八看了一下。張八倒很看得開，他只笑笑，表示感謝邱老師諸人的好心好意，關心他的命運。

「張八，你暫且寬心罷，我們知道你是維持原判的；但我們今天來看你的氣色，還是斷定你不會死。」邱老師又說：「這當然是一件不能使你相信的事，我們自己也在懷疑。不過，我所懷疑的不是我看錯了，而是懷疑將來將是何種變化，能使你既被宣判死刑而竟然不致於死。」

「邱老師，我感謝你們的關心！」張八說說：「我早就不希望減刑的，現在是還希望早一天執行早一天好，等死的日子更難過。」張八說時有些傷感。

邱老師就說：「我們想去看看你的家裏，你有什麽話對你妻子說沒有？有沒有什麽事需要我們帮忙？」邱老師等待張八的答話，張八低頭在想。

「實在太感謝你們了。你們去看她嗎？」張八仰起頭，眼眶已經滿了淚水。「沒有別的話說，只希望她能把孩子送囘鄉下給我母親，不要他再來上海，因為他的眼相也不好，免得和我一樣。至於她，隨她的便，今年我死後就嫁也可以，明年再嫁也可以，總是我對她不住的！」

「好的，你可放心，孩子我們可以帮忙把他送囘鄉下去。」邱老師們安慰了張八幾句話就離開了監獄。

在路上，單科員問：「你們看張八的神色眞是不致於死嗎？」

「眞的，以相論相，他絕不致於死的，但不知其中尙有什麽變化。」邱老師說：

「很奇怪，他們兩人，雖然減爲無期徒刑，在這一年之內却會死於獄中的。」

「眞的嗎？」單科員說：「殺人罪二審就完結了，不會有什麽變化的了。」

「是的，我們也知道的；」邱老師說：「但我却相信其中必有變化！」

他們和單科員在路上分別之後，就順便去張八的家裏看看張八的女人和兒子。百靈居主人姜先生本來不想去，因爲他和張八毫無交情，素不相識。但邱老師却勸他一道同去，因爲邱老師說，去的不是單去探望她而主要的目的是去看看她的氣色有無尅夫的。於是姜先生也隨同一道去了。

很奇怪，他們見到了張八的妻子，除說明來意，把張八交代的話轉達外，邱老師還給她一些零錢，也看出了她臉上並沒有尅夫的氣色，而明年却也不一定要再嫁的了。這一下却加强了邱老師們以相論命的信心，認定張八此次絕不致於死，否則就不能再以看相爲業了。

於是他們就跑去請教律師，請問他們要用什麽方法，可以把張八的死刑不致於短期內執行，要想辦法先做到這一步，然後等待變化的機會。結果就聽律師的指教，由張八的妻子張唐氏向最高法院申訴。那時上海是公共租界，由英國代管，也就是向倫敦方面去請求減刑。理由是張八因抽了死籤，所以承認當罪，而實際上那兩個人不是張八殺死的。

本來張八判定了死刑在一個月之內就會執行絞刑的，這樣一來，就把他的生命拖長了至少兩三個月時間，因爲那時郵件是由海郵送達，由上海去倫敦來回，中間又須經過英廷法官的裁定，無論最後裁定如何，把時間拖長了，那是必會達到目的的。

至於白學良和朱阿昌兩人，由於張八一口承認了是他一手殺死兩人，他倆認爲不該判無期徒刑，至多只能判十五年有期徒刑，所以他兩人也不服所判，請求高等法院更審。其實這都是多餘的事，强盜尤其是兼有殺人，能夠改判無期徒刑已是大幸的了，再減爲十五年是不可能的。但白學良和朱阿昌兩人偏偏要這樣做。結果，事情發生得非常奇怪。

自邱老師支持張八妻子出來爲夫申訴之後，由於事實上事主兩人乃朱阿昌殺死，不是張八殺死，報紙既把其中實情披露之後，各方對於張八的盜亦有道的義氣行爲都表好感，於是投函報館以及上呈法院甚至打電報去倫敦代爲申寃的大有其人。於是「張八强盜殺人案」，當時成爲一件重大的新聞。主要的問題不在於「强盜殺人」，而重於「寃獄」和「抽死簽」兩事。張八不會殺人竟被判爲殺人，罪是寃獄；而强盜的抽死簽則有

「用權術致人於死」的罪了。

這事不特引起上海各界注意，也引起了倫敦方面的注意。倫敦方面接到張八妻子的申訴狀以及上海各方的函電之後，便飭令由上海高院將原判更審，因爲原判是死刑，既令更審，便含有對原判有懷疑，需要減刑的意味。反過來說，如果原判是無期徒刑或有期徒刑，則更審的意味可減輕，也可以加重的。這是法院上一般的情形，大家都明白的。

於是上海高院更審的結果，因爲張八實際上不是殺人兇手，便把原判死刑改爲有期徒刑；把朱阿昌的原判無期徒刑，因他係殺人的眞正兇手，再改判死刑。至於白學良，原非殺人兇手，本不當死；但因他承認抽死簽的事是由他主持，他老大哥有此權柄，叫大家抽死簽去認罪當死，因而他便負了「用權術致人於死」的行爲，加以他是實際行刼殺人的主腦人物，於是也把原判無期徒刑改爲死刑了。

因爲案情重大，而又爲倫敦及上海兩地所關心的案件，法院想迅速處理作一結束，宣判的當日便把判决書送達白學良朱阿昌和張八三人手中。張八得此減刑的宣判當然喜出望外。因爲這次申訴乃係張八妻子的主權，不是他自己可以主意，也不是他不肯當死罪，更也想不到事情演變到這等田地，所以他也只好聽判，不再有何異議了。

更審宣判時，白學良和朱阿昌兩人由無期徒刑又改爲死刑，已感到意外的驚駭了，而當日又接到判决書更是惶恐了。他敏感地意味到隨時都有被執行絞刑死去的，本來他們對於死是不大懼怕的。但此時他們一想環首的情形，却大怕特怕起來。因爲他本來已可不死了，而今改爲死刑，所以心理上有一種異樣的反應使心中萬分的難過。

朱阿昌本是殺人的兇手，他倒比白學良鎮靜些，因爲他心中有一種自己應該當罪的想法，本不應當從抽死籤的辦法由張八去代死的。所以朱阿昌雖然難免懼怕，却願意當死，至於白學良，他此次本不當死，但因事實的演變，社會和法官對他爲首的罪加上抽死籤的罪，便把他加重的判爲死刑，心中總覺有些不服。

白學良綽號白狐狸，他是一老謀深算的人物，是强盜的首要，他對這次重判死刑表示不服。他决定表示反抗。他怎樣表示反抗呢？宣判的第二日，他意味到自己的生命不會有一星期的延長，只是在這兩三天之內就要被絞死的。他曾對一個同囚房的人說過，他自開始做强盜已經十八年了，其中當死而不死的已經有過四次了，兩次是用抽死籤的方法把死罪移植到別人身上，兩次是用强辯和嫁禍的辦法，使同夥死於寃獄。因此他自認這次的判處死刑，在他自己的做人不夠完善言，是天網恢恢罪有當得的。但他決定反抗此次法官的無理判決，他不願死於伏法之下。

就在他對同房的人說了這話的當天夜裡，白學良把自己的被單撕為一條一條，再把它辮成繩子，在天明之前，就在自己囚房的鐵門上吊頸死了。這就是他所謂不服判罪的反抗行為，是死於自殺，不是死於伏法。

本來法院判決書當天送達的意思，並不是想提早把他們執行絞刑，而是為着提早把案件結束，一面呈報倫敦一面使上海各方面早些安定輿論的，而白學良竟然神經過敏，誤會為這是提早執行死刑的作法，竟然在宣判的第二天晚上就自殺了。

被判死刑的人本當特別看守的。白學良和朱阿昌兩人身上已經不留任何帶子和五金的東西了。想不到他會用撕破被單的布條辮成帶子作為吊索，竟然自殺成功。

白學良在監獄自殺消息傳出之後，上海各報都評論監獄當局疏忽之罪。當然也有人替白學良申寃，說他此次本不該判死罪的，所以才會造成這反抗判罪的行為。也有人借題發揮，說是張八僥倖命不該死，否則也早已死於寃獄了。這一來，把法院作為輿論抨擊的目標，使法院不能不對朱阿昌的安全加以注意了。

法院立即責令監獄當局加意看守朱阿昌，不容他再有白學良自殺之事發生。接着，只有兩天的工夫，法院為要避免白學良事件的重演，便把朱阿昌提前執行絞刑了。於是，張八等强盜殺人案告一段落；而白學良和朱阿昌的非命死於獄中，也完全符合了邱老師們看相的論斷了。

這案在法院中，在上海社會的評論上雖然告一段落，而張八的改判無期徒刑，也有一些人認為判得太重；因為，他既沒有殺人，只能判處有期徒刑十五年，不應當判無期徒刑的。

同時，由於他肯那樣決心的願意當死，遵守抽死籤的決定，這種盜亦有道的精神却博得一般的同情。所以上海各慈善家以及一些社團，也曾呈遞公稟向法院、向倫敦替他請求再行減刑的。

由於白學良和朱阿昌二人原係無期徒刑，後來竟然變為改判死刑，同時又很快地一個在獄中上吊自殺，而一個又特別提早執行了死刑；於是新聞記者就從法院的單科員處得到消息，說是這些事早就被通天閣邱老師們看相看出來的。新聞記者一面把這花邊新聞刊出之後，自然引起了人們的興趣，街談巷議盡是這個問題。而通天閣也變為新聞記者的採訪花邊新聞之所了。

除了證實白學良和朱阿昌的事之外，記者們也和市巷所談論的一樣，追問到張八的今後問題，請問看相的，關於張八被判無期徒刑，是否一輩子要關死在監獄裏呢？這問題不特新聞記者要問，許多人同情張八的人要問，而邱老師們自己也要問。因爲依邱老師們在張八相上所看到的，不特不致於死刑，論理也不致於判無期徒刑的。依他們所看的，張八此次渡過了死關，既由於「行善改相」所致，那末，就不致於再死於非命的；就是說，他不致於因無期徒刑而關死於牢獄裏的。

這當然是看相先生們千載一時爲自己做廣告的機會了，新聞記者跑上門到通天閣來採訪關于張八的命運，把記者和邱老師的問答，作爲花邊新聞，這是有錢都辦不到的廣告。於是通天閣主人邱老師便不能不好好地利用這機會了。

邱老師說，依他從張八相上所得的結論，張八只能在牢獄中大約過三年多一點的時間，不致於坐更多的牢，今年張八是二十八歲，照理，在三十一歲，正是行運左邊眉毛頭的時候，應當有財又有喜。那末，對他的被判無期徒刑又將作何種解釋呢？對這，邱老師沒有說出什麽理由，他說這是法律問題，我們不敢有何議論，但他只能就相論相，張八雖然被判無期徒刑，却到三十一歲就會出獄，而且那時又有得財的事，而他的妻子又會有孕的。

記者們本是經常喜歡向人家說笑話的。有個記者就向邱老師說笑話：「邱老師，你看張八相可能不錯，他到了三十一歲，那年他可能會得財，而他的妻也可能身上有孕，但你既不能說出其理由，而我却不用看相能夠說出理由了。」

邱老師說「你說的什麼理由，請你說說看。」

記者說：「那年，張八的女人有了男朋友，肚子大了，就送張八一筆錢，請張八把妻子讓給他了。」

「對的，一定是這樣情形，否則邱老師看相就不準了！」許多位記者都這樣一邊笑一邊說。

邱老師也和他們一起大笑起來，說：「這位先生所想的理由倒不錯，但事實不是如此，他是要脫離牢獄之災，要出獄後始得子的。」

這一塲的談話，記者們也都把它作爲花邊新聞登在報紙上了。當然，這關於算命看相之事也都只是說說而已，沒有幾天也都過去了，留下的只是張八以無期徒刑關在提籃橋監獄裏，而邱老師們仍然在等着張八到底又有什麽變化。

事情眞是奇妙，那時候正是民國初年，張八被改判後還沒有兩個月，不知英國皇族有了一件什麽事或是英國國會有了什麽事，舉行了一次大赦，上海是殖民地，也在大赦恩典之內，那次大赦有的輕罪完全赦免，出獄；重罪就減刑一半。大約死刑就改爲無期徒刑，無期徒刑改爲十五年有期徒刑，此時原判爲無期徒刑的張八，就減爲十五年有期徒刑。

張八因爲大赦得將無期徒刑減爲十五年有期徒刑的消息在報上發出後，上海社會關心張八的事的人，都奇怪起來了。因爲以前報紙上會經登載過關于張八的命運，看相的說他雖被判死刑而不致於死；果然後來減判爲無期徒刑。判定爲無期徒刑之後，又說他不至於因無期徒刑而關死於牢獄裏　說是祇不過三年多的時間，一到三十一歲運行至左眉就會出獄而且得財得子的。現在竟然因爲大赦把無期徒刑變爲十五年有期徒刑了，雖然還未完全應驗，相距三十一歲也還有兩年多的時間，總算已有了兆頭可見了。

另外有一件事更使大家認爲看相太有道理了。當白學良和朱阿昌兩人被判無期徒刑時，而看相的邱老師們却說他倆不久要死於非命。事實上呢，果然後來又改判死刑。而且白學良聞判的第二日就自殺，而朱阿昌也因白學良的自殺而被提早執行絞刑了。如果當時白學良不自殺的話，一個判處死囚的，也可能延緩執行三四個月的。如果稍稍延緩執行，他們兩人的死刑，碰到大赦也可以減爲無期徒刑的。這樣看來，看相雖然不能說出道理，而應驗的事實却太奇妙了。一個人的生死，眞是命定的了。

後來還有一件奇怪的事，張八被減爲十五年有期徒刑之後，他眞是喜出望外，一再把這條命完全從死亡裏檢回的。於是張八從此决心棄邪歸正，在牢獄裏非常守規服役，每天都盡力做苦工，等待十五年刑期的屆滿，不在話下。

在監裏的囚人，除有特殊的事故發生，見於報紙外，平時不會使人關心的，當然張八也不能例外，自他初初被判以及不久減刑被人們注意外，後來就沒有人關心他的命運了。但是，事情又來得奇怪。張八在牢裏渡過二十九歲、三十歲，到了三十一歲那年，突又有一個大赦，他又從原減刑十五年再減爲七年半了。

此次大赦只在報紙登載囚人幸蒙大赦減刑，並沒有特別提到張八減刑之事，因此社會對張八也不注意。有的人雖然記得前兩年的故事，扣算張八的刑期，縱然再減了七年半，至今也還只服刑三年多　仍不能出獄，以爲看相所說的雖然不完全應驗，總算他三十一歲又減刑了。

有一天，張八妻子來接見時，邱老師也一道來看張八。邱老師又替張八看了氣色，也和張八談了一些關於命運的話。張八對邱老師是萬分相信而且感激的，他就把自己的命運交托邱老師去主張。他們在接見的時候似乎曾經商量過什麽事。離別時兩人都帶有愉快的心情。

過了幾天，上海申報和新聞報兩份最大報紙登有這樣的一個廣告：「强盜張八，即將出獄，邱清看相，絲毫不爽。張八需要金錢援助，邱清願意贈送潤金。」

除了這大標題之外，還把前三年各報所登的關於通天閣對張八、白學良、朱阿昌三人看相以及以後全部應驗之事完全登出，同時又說通天閣老看相邱清，爲着同情張八的繫獄，這三年來時常接濟張八妻兒的生活，現在張八又依邱清所斷定，雖無論刑期還有三年半，却應驗了邱清的斷相，果然在今年三十一歲行運到左眉頭，即要出獄了。

但張八出獄之後需要生活，需要本錢，懇求各界同情張八的人，解囊相助，讓這位滿有義氣的强盜，三年來在獄中，已經完全改過自新的張八，能夠得到職業，並養活妻兒，同時通天閣願意在這三個月所有看相收入的潤金，以半數捐助張八云云。

這廣告一登出，上海又哄動了一下。大家有的相信，有的懷疑。接着，又過了幾天，監獄方面，根據獄吏的報告，說是張八在居囚期間，品行甚佳，也贊成邱淸替他的呼籲，於是他就對新聞記者發表談話，談話的內文大畧是這樣說，張八原判無期徒刑，經頭一次的大赦，減爲十五年有期徒刑；又經過此次減赦，變爲七年有期徒刑；現在法院又跟據『假釋』條例，凡犯人在獄品行佳者，得於刑期執行二分之一時，可申請假釋放。張八的品行符合這條件，而他自廿八歲入獄到現在，已過了刑期的二分一，所以日內便可假釋了。監獄長在談話之末，也替張八說好話，說他已完全成爲一個新人，希望各界能予援助。

這樣一來，張八不特眞的如看相所言出獄了，也如看相所言於出獄時得財了。通天閣邱老師利用這機會也發了小財，張八出獄後不久，果然他的女人也得胎了。張八後來在上海提籃橋開設飲食店，招牌就用「張八」，生意也很好。

二：陳公博死於非命　八字全沖尅

以汪精衛爲首的國民黨左派人物中，陳公博可算是數一的人才了。陳公博，廣東南海縣人，與康有爲爲同鄉，早歲留學美國。其人風度瀟洒，口才伶利，下筆千言立就，與陳獨秀同爲中國共產黨的發起人，最初在滬杭路上的嘉興南湖中的烟雨樓上開會。後來在上海召開中國共產黨的第一次十人代表大會，他也是代表之一。

此君不特口才文筆敏捷而已，處事也極有果斷。所以他做了中國共產黨發起人，其後不久，發覺共產制度不適宜於中國，立即决然脫離共產黨，與經濟學者顧孟餘（現在美國講學）共同輔翼汪精衛，形成國民黨左派軸心。顧陳二人一向被稱爲汪精衛的左右臂，對於汪氏，得力不少。

陳公博曾連任實業部長四年之久，曾著「四年從政錄」，蜚聲一時。此君若就通俗的儀表言，很是斯文和藹，雖是一個政治家，却帶有濃厚的學者的色彩，誰都看不出他會死於非命的。然而。若把他的八字來看，就很容易看出他五十五歲要死於非命，而且當死在權力之下，不是死於災難之中的。

當陳公博在南京任實業部長的頭一年，我有個朋在在實業部當科長的程子全，他也畧知一些命理和相學，他對陳公博的相貌看不出有什麽不好的地方，就請我的另一個朋友，於某一次實業部舉行聯合孫總理紀念週時，參加集會去看陳氏的相局。

這個會看相的朋友姓伍，他看了就對程子全說：「陳部長的相局，一切都好，只是臉有横肉，恐怕將來不得其終。」

當時程子全還只知看看臉相的部位，不能判別什麽叫做横肉。伍君就教他去看陳公博的兩顴，果然經過幾次的細看，看出來了陳氏的兩顴的皮肉，現出横紋，雖然不多，却是相上的兇惡現象。

程子全就問伍君，照陳氏的相看，他的壽命當在那年？伍君當時也有一個疑問，猶豫不決。他說，依相學上言，臉有横肉的，必是兇死，那是毫無疑問的。但因陳氏的相局又屬於「厚重」型，論理宜得壽相，所以不敢斷定將於何時死於非命，他又解釋道，如果僅僅就一般的說法，當在四十六七歲兩年，因爲那時正行運於兩顴；但是，依陳公博的鼻相看，四十八歲以前正是當權，當不致死。

於是過了一個多月，程子全和伍君又帶了一個朋友曾先生去參加總理紀念週，研究陳公博的相局。

據曾先生事後對他們兩人解釋說：「陳公博如果在他五十歲至五十五歲之內，不握國家大權的話，他就可能享壽七十六歲；到那時，兩顴的橫紋，也許會退去，不至於死于非命。」

但他又解釋說：「若是他五十多歲要太勉强爭權奪利的話，那就很可能就在當時發生不幸事件的。」

這其中的奧妙，不是程子全和伍君之所能明白，這屬於相的「變局」的一種。主要的道理，是根據易經上「盈則虧」原理說的。因爲有一種屬於變局的相，它的極好與極壞都只具「可能」性，並沒有「定型」。這可能性如果是「自然」的發展，不用人力去「勉强」那就不會有「逆轉」的事實，就不致於有從「極好」突然變爲「極壞」的不幸。

這意思就是說，如果「過福」了，那就會發生「橫禍」，如能不過福，就也可以免禍了。此類情形，在相學和命學上叫做變局或變格的一種，是事先「可見」的一種。還有事先不可見的一種，那就是莫名其妙的變局，事後才能知，事先不能知。命相上有許多看不準的，多半屬于此種情形。

不久，程子全就從實業部秘書處同事中，查得陳公博的出生年月日時的八字，因爲他既對相的變局知道了，要看看八字上是否也有變格，或者在命上，另有所發現也不一定。這是命相合參的辦法，這辦法在發現某種懷疑時，很需要把兩方面合看，就可以斷定其大局的。

依八字看，陳公博的所以能大貴大名而不能大富，以及他最後要死于非命，而且是死於設讐的恥辱之上，都有道理的。陳公博的生日是光緒十八年（一八九二）的八月二十九日戌時，八字是壬辰，庚戌，甲申，丙寅。這命是叫做「純陽」，因爲八個字都屬陽的，純陽的八字固是好的，但其「剛」性的缺點，也就是俗所嫌的「命硬」。

此外，還有一個最大的不好，就是四柱八字全衝。用五行來說，就是水與丙火冲，庚金與甲木冲，辰與戌相尅，申與寅也相尅。這樣八字，叫做「純陽全衝」，毫無疑義的，就是此人一生風波很多，變化很大，而且終是難免死於非命的。

依陳公博這「純陽全冲」的八字論，這命格應屬於「奇」，不是「貴」格，也不是「富」格。其所以他一生在富貴場中叱咤風雲，而終於不能得到眞正實在的富貴，而且死於罪名之下，便因爲八字純陽全冲的毛病。

當陳公博未任實業部長之時，曾在上海創辦「大陸大學」自任校長。那時候，國民黨左派正是黃金時代，吸引了不少青年。我有個朋友在大陸大學當法科教授的潘先生，他對命理頗有研究。有一天，他對陳公博談論關於政治法律問題時，順便說到中國的政制以及國民政府的行政院各部的組織問題。陳公博就說，如果他日汪先生（指汪精衛）當政，他一定要當內政部或司法部，希望能直接對政治和法律能有所新改革。潘先生就說，那末這個大學要交誰去辦呢？他說他自己還任校長，將來這所學校便是國民黨左派造就政治人才的最高學府。

潘先生說：「你將來當一個部長那是無疑的，但恐怕那時不能如意地要做那一部，而且不能再當這大陸大學的校長。

因爲陳氏知道潘先生會算命，就笑說：「你是不是由我命算出？」

潘先生也不客氣地說：「是的，依你的八字看，你的一生不會做一件事能保持五年不更動的。同時，你所做的事，可以說都是你自己不自主的，也不如意的。」

陳公博最初不相信這話，但後來一想他過去眞的沒有做過五年不變更的事，而且也的確都做得不大如意，因此，他就請潘先生試說說他的命運前途。

潘先生首先就說這大陸大學不會辦得好久，因爲他辦大學那年並非好運，且是「劫煞」之年，此事最終非失敗不可。其次，說他將會當一個部長，但部長既不是內部、教育，也不是外交、財政，而是一個不關重要而非他所滿意的一個部。最後勸他四十八歲那年不可動；四十九那年不要出來做事，否則這一次出山，雖然可有五年以上的大權在握，但最後難免身敗名裂的。

但當時陳氏因不相信命運之事，當然不以爲意。但後來果然不久大陸大學停辦。汪精衞上台也不過給他任實業部長；四十八歲他從重慶來上海勸汪精衞；而第二年竟然充任汪政權的立法院長，五十三歲汪氏去世，他代僞府主席；第二年抗戰勝利，第三年就被槍決了。

三：同胞兄弟　不同父母

一九三六年也就是抗戰前一年的春天，蘇州郊區近太湖口有個風景區叫做木瀆的，我們有幾個朋友一道從南京到那裏旅行。這個木瀆古鎮，因爲是蘇州太湖的要衝，所以不但風景宜人。而出產各種食品也極其著名，鎮上人口也相當稠密。「天上有天堂，地上有蘇杭」。這個姑蘇名城，每年吸引旅客不知多少，而旅客中若能善於欣賞風光的，必定要從蘇州城裏僱馬車或騎驢去木瀆一遊的。

我們差不多每年最少要去蘇州玩一次，而每次也必定要去木瀆遊一天，在那裏吃一餐，嚐嚐木瀆的地道名菜。那鎮上還有一個精於命理的老先生姓夏的，是前清的秀才，清末民初的時候，曾在北京和天津兩處開館問世過，賺了不少錢，就在木瀆買了田地，也蓋了房屋，後來因爲年紀大了，就退養於木瀆去了。

這位夏先生，因爲他是個秀才，所以人們都尊稱他爲「夏老」，那時他已經是一個將近古稀之年了，隱居於木瀆，雖然不再替人算命了，但有人知道他的，依舊託人介紹去見他，請他看看八字，因爲他不收潤例，只由熟人介紹，請他到鎮上大街館子裏吃一頓飯，他也樂意替人談談的。我們朋友中，有個唐先生，是蘇州人，和夏老很要好，唐先生在南京內政部做事，我們先由他寫信去木　，告訴他大約某日會有人去木瀆，請他吃飯，也談談八字。

爲着要請他多看幾個八字，我們就把朋友中要算命的人，先把八字由唐先生寫信告訴夏老，請他有空先排好看好八字，那末我們到了木瀆，請他吃飯時，就可以在館子談談了。那次朋友中要看八字的一共有四個人，兩個是同胞兄弟畢先生，是杭州人；一個是高先生，安徽蕪湖人；另一是錢先生，揚州人。

這四個人也都在南京機關裏做事，當然也都在南京各有名的看相先生、算命先生那裏看過命的。其中也有某些問題還沒有解決，所以那次就想趁此遊蘇州的機會去木瀆一行，請教請教夏老的。果然那次我們不虛此行，我們所要知道的，所想解決的都得到結論，來後也都得奇奇妙妙的應驗。最奇妙的他從八字上竟然看出一個「同胞兄弟，不同父母」的事實。這事實就發生在那兩位畢先生兄弟身上。

那天我們一起從南京去蘇州的有六個人；帶隊是唐先生，因爲他是蘇州人，也和夏老相知。此外就是要請夏老算命的畢君兩兄弟、高君和錢先生以及我。火車到鎮江時，我們碰見熟朋友鄒先生夫婦兩人下車。他倆原是去無錫旅行的。上車之後知道我們是去蘇州旅行，而且要去木瀆請夏老算命，這一對鄒先生夫婦立即改變計劃也到蘇州去。他們就向車上補了票價和我們一道也去蘇州了。因此我們一行，上車時只有六個人，下車時却爲八個人了。

因爲蘇州城內原沒有什麽可玩的地方，可玩的我們也玩過了，所以那天依唐先生的主張，到蘇州下車直接就僱馬車去木瀆，預備在木瀆住一宵，明天遊太湖兼去鄧尉山看梅花。所以那天我們一下車就僱了兩部馬車直驅木瀆去了。

到了木瀆，就先選定了旅店，稍爲休息一下，爲了表示我們的恭敬，就一道由唐先生率隊去拜訪夏老。一會，我們到了夏老的「湖畔山房」。先由唐先生一一爲我們介紹之後，繼由夏老的一個姪子招待我們茶烟，這位姪子也是唐先生的熟人。

他一面招待我們一面笑笑地說：「眞是奇妙，你們果然來一個八仙過海！」

我們原來只是六個人從南京出發的，所以我們並沒有八個人的觀念，此時被夏老的姪子一提，大家看看自己一行，正是七男一女的八仙了。

於是唐先生就對那姪子說：「老弟，這是什麽奇妙？你的話中好像另有意思。」

「是的」，夏老姪子說：「你們不是信上說過今天要來嗎？所以今天早上夏老就起了一個課。」

他一邊說一邊就從夏老所坐的那張桌抽屜裏，取了一張起課的箋紙，給我們看。奇怪，那箋紙上竟然寫的是這樣的一首卦象的詩：「有客西來午刻到，六人中路成八仙，暢遊木瀆鄧尉後，海上分飛各自旋。」

原來夏老近十年來致力於易經的研究，對於卜卦也極有修養，所以他今天一早就起了這個文王課。頭一句「有客西來午刻到」，這固然事先已知道也可以扣算出來的，而「六人中路成八仙」却是他們八人自己也不知道的。第二句固然也可以推想的事，而最後一句也是很奇妙的，因爲他們的確打算旅途最後要到上海一遊的。

當時我們看了這卦辭，實在覺得太奇妙了。所謂「八仙」，如果鄒先生不是夫婦兩人，也不成爲八仙；如果八人中有的不去上海也不成爲「過海」，現在偏偏這樣湊巧，眞是妙不可言了。不過當時我們心中還有一些疑猜因爲卦中說是；「海上分飛各自旋」，而我們六人原已在南京時就計劃好了，一道到上海玩兩天一道回南京的；而鄒先生夫婦原來也是決定到了上海後一起囘去鎭江的。此點我們當時不曾說出來，因爲不便在夏老面前說他的卦辭有點不對的。

我們經過這「客先拜主」的禮貌之後，就約好夏老晚上在木瀆大街太湖樓吃飯。辭別後，我們就到太湖濱僱小艇去玩湖了。在船上，我們談起今天夏老所起的文王卦課之事，實在妙不可言。我們也說到後天到了上海之後的計劃，各人一切都依原有的行程，看看此次到了上海之後是否也應卦中所說的「海上分飛各自旋」。

到了晚上，我們先到太湖樓去等夏老，一會夏老來了。因爲我們在南京時，先託唐先生寫信給夏老，把畢家兩兄弟以及高錢兩人的八字先開去，請夏老先看好，等待我們來時請他吃飯便可談了。信中也大畧把各人的六親及前途開上，作爲參考。所以當夏老和我們開始談命時，他就首先問到那兩位是畢家的昆仲？

畢家兩兄弟就接着答道：「我是家春。」

「我是畢家秋。」

夏老對他兩兄弟看看，就說：「好奇怪，你們兩位確然面孔很相似；就外表看，不能不相信你倆確是同胞兄弟的。」

「是的，有的人同胞兄弟並不相像，而他倆兄弟兩人，確然把同胞兄弟完全擺在臉上，使人一望而知是同胞兄弟了。」

唐先生又說：「他們兩兄弟十年來一向都一起在南京軍政部做事，現在有機會外調，但不能兩人一起去，只能一人外調，一人仍留在部裏，請問夏老看看，兩人到底那一個宜於留部，那一個宜於外調呢？」

「這問題很容易解决，」夏老說：「不過，我要先談一個基本的問題到底你倆是否同胞兄弟？剛才我曾說過，你兩確然臉面很相似；但依我在八字上看，你們兩人却非兄弟，而是不同父母的兩人。所以我先問你兩位到底你們確是同胞兄弟嗎？」

「夏老先生，這是不會錯的。我名叫畢家春，是長兄；他叫家秋，是二弟；下面還有兩個弟弟，一個名家富，一個名家貴，我們四個兄弟面貌都像母親。」

唐先生就接着說：「爲什麽在八字上看不是同胞兄弟呢？就相貌上看，他倆明明是同胞兄弟；那末，這樣看來，似乎比算命更可靠些了。」

「的確，這是頗奇怪的事。」夏老說：「你們信上寫明是同胞兄弟，我當然不會去懷疑的；但當把你兩人八字一排出來看，却明顯的不是兄弟，照八字上看，你畢家春不是長子，應是次男；而且應當於出生時不久就要離父母，出繼別姓，否則不能長大成人。而今，你又說你是長兄，他是次弟，而且十年來你們都在一起做事，那麽你們當亦與父母住在一起的了？」

「是的，我們本是杭州人，自幼就隨父母來南京的。」

畢家秋又說：「請問夏老先生，你說家兄不是長男，那末我的八字是否次子呢？」

夏老此時已把他們兩兄弟的八字拿出，放在桌子上了。

他說：「很是奇怪的事，依八字看，你雖然原是次子；但你有奪長爭先的命，你的長兄自幼就被你所冲尅了的。所以，你在父母身上，雖不是頭生，而在兄弟中，却是長兄。」

「夏老先生，這事容他們自己回去問問他們的父母就會明白的，現在暫且不談為宜。如今請先說說他倆那一個宜於外調，那一個宜於留任南京呢？」

唐先生似乎覺得關於夏家兩兄弟之事，不宜在他兄弟面前多追究，所以就把那問題有意推開了的。

老先生也是一個聰明的長者，他並非不知此情，為的他不能不依命理談命，否則他就不能以八字爲根據了。

現在經唐先生一提，他也就趁風轉舵，說到他們所要問的事了。他就看看八字，說道：「這事似乎不用你們自己來選擇，命中早已注定了的，你畢家春，在三十五天之內，就要被調離南京外放的。」

「是的嗎？那末，大約要被調去何處，可以看得出嗎？」

畢家春又說：「我一向沒有離過家，此後出門還好嗎？」

夏老說：「我不是說過了嗎？你的命越是離開父母越是於你有利，你此次一離開南京，就會高升的。明年，你也會成家立業了，你現在不是還沒有結婚嗎？明年你就可以在外成婚了。」

接着又談到畢家春的後運問題，說他今年官職升遷，明年結婚，可謂官與喜並臨。明年下半年起，將有八年的奔波，經過多次危險，又有多次的變遷。

因爲畢家春在南京軍政部當科員已經熟悉了，他原喜歡在南京不願意外調的，所以他就問：「今年離開南京之後，幾時再可能回返南京呢。」

夏老先生說：「別時容易見時難！此去非十年不可。」

果然，畢家春此次旅行回南京後不久，也就是在三十五天之內，軍政部把他調去華北某軍事機構裡任職，他原來只是一個上尉科員，現在調任升爲少校了。原來軍政部要他兩兄弟商量那一個願意去華北工作，就派那一個去。後來因有兩兄弟自己沒有什麽意見，而他們的父母也不好決定那一個應當去，那一個應當留，所以就想請唐先生寫信托夏老先生就命運上看，代爲決定。

現在夏老既然說老大當去，他們就只好對部中表示隨部中決定，要派誰就誰去，沒有什麽選擇的。部中決定時，就是以爲家春是兄，家秋是弟，外調得高陞一級，所以就派哥哥去了。

至於夏老說他倆不是兄弟一節，當時畢家春雖然聽得莫名其妙，而弟弟家秋却心中明白；因爲家秋曾知道其中的秘密，所以他曾問夏老說：「你說家兄不是長男，那末我的八字是否次子呢？」這話中間就含有奧妙了。

到底畢家春和畢家秋兩人是什麽情形呢？原來畢家春的父親是杭州一個有錢的絲業商人，結婚六年之後，他的太太才懷孕。他滿心歡喜，盼望能生一個男孩子。但是，當他太太快要分娩時，他自己又因小腸炎轉入肺炎病重在醫院裡。他自己怕不能見兒子出世，就在醫院裡立下遺囑，說，若是遺孤是男，取名家春，若是生女，取名家富。

過了幾天，果然生下一個男孩，就把他取名家春，也告知了醫院中的父親，不幸得很，這小孩生下只十二日就夭折了的。

此時家人爲着安慰醫院的病人，同時也有承嗣的用意，就想去買一個初生的嬰孩來頂替。因爲畢家有財產，這事就引起戚族中人所注意。剛巧，家春出生的第二日，家春的舅母也生下第二個孩子，於是就把這孩子送給姑丈姑母頂替夭折的家春了。所以家春實際上是舅父的兒子，和家秋是表兄弟不是親兄弟。

畢家春以舅子承嗣姑子的秘密，畢家族人是知道的。家春的父親當時在醫院中雖然不知道，但後來病愈，而第二年冬天又生次子家秋，此時雖然知道家春頂替的事，却認爲家春既係妻家之子，且能帶來家秋出世，堪作畢家之長子，所以也極其疼愛他，視同己出。只因族中人有時爲着議論將來財產繼承問題時，偶然談到此事，所以家秋也知得此秘密。不過，家春家秋兩兄弟自幼就甚友愛，彼此之間並無痕跡。及至夏老說到，家春命中該是出生不久，就要離開父母，出繼別姓，否則不能長大成人等語，更相信這是命中注定之事，所以家秋也認命而不以此介意了。

算命的時候是一九三六年的春天，那年畢家春被調到華北去了。華北與華中，火車的路程不過兩天，飛機只是三四個鐘頭；當他拜別父母離開南京那天，雖然已經應驗木瀆夏老的話，但他絕不相信此去會要十年之後才能回到南京的，當時他想，也許是指那回來長久居住說的，短時間回來不算數，那就不敢說了。

他到了華北之後，因爲是在軍事機構裏做事，既然不容易請假，又有一年不請假的獎勵辦法，三年不缺勤的升級規定，所以他就不作請假回家的打算了，除非因公被派到南京。因此他第二年春天因爲要在北平結婚，就乘此機會把父母兩人接去北平主婚並住了一個短時間。

由於他的新娘是天津人，姓齊，結婚前女家曾向畢家春表示，因爲新娘是齊家的獨女，要求以後生男時，要以一個立嗣齊姓。畢家春當然先也曾把此事禀告父母的。畢家春父母當時曾在覆信上說「原則同意」。

到了舉行結婚時，畢家春父母就提前到北平，把天津齊家姻親及準新娘請到北平面議結婚大事時，就在畢家春面前對他們宣佈說：「家春係父母舅周家的次子，出生後數日就承嗣畢家。現在周家長子已於去年病故，雖已結婚，却無子女，而周家又無第二個孩子，所以，家春以後生男，長子應立周家的嗣；次子應立畢家春自己的嗣；三子才能立爲齊家的嗣；如不能生三個孩子的話，則行兼祧，由下一代承嗣。」到了此時，畢家春才恍然大悟，去年木瀆夏老先生所說的原來如此了。

四：小別竟十年　故鄉非故土

蘇州木瀆夏老先生把畢家春畢家秋兩兄弟斷定不是一個父母生的，既被畢家春的父母證實之後，不久，畢家春就由北平寫信給木瀆夏老秀才，把自己的情形告訴了這位算命先生，說他的算命完全精確，表示去年自己在他面前，表示不相信是錯誤的，向他致歉。

當然畢家春不會因爲這事特意寫信寄去，而他另有目的，那就是他又要請教一些事的。他信中請求夏老再替他看看他的後運。他告訴夏老說，今年也果然結婚了，妻子是何八字也寫上了。

他主要問的三件事：頭一件是他有幾個孩子？他也在信上說明了他要生子立嗣周、畢、齊三姓。第二件事、他在北平覺得人事上不大合意，希望能調回南京，今年有無可能，如有可能，他就想法向部中去請求。第三件事、他很想脫離軍界，改途謀生，因爲軍人調動不能隨帶家眷，而他現在已結婚了，新婚夫妻感情甚好，不願離別。

爲了要必得夏老的回信，一面由北平匯去國幣五十元，作爲禮品代用，一面也去信托南京的唐先生也寫信給夏老，請他務必收下匯欵。

去信不久，果然得到夏老的回信，對他所問的三件事，信上這樣回答說：第一件、他共有五個兒子，除次男自己的嗣外，四個兒子都要立別人的嗣。第二件、他不特今年不可能調回南京，十年之內只有向西北走，不宜南回。中間有一句話這樣寫道：「小別竟十年，故鄉非故土。」第三件事，改途謀生之事，今年立秋前當有良機，不可失去。畢家春接到覆信，甚爲欣慰。

但他對其中所說的也有所疑問。比如還有兩個兒子也要出繼別人，實在想不出的。所謂「小別竟十年，故鄉非故土」更是懷疑了。因爲過去爲着在軍事機關裏做事，所以不欲告假，若是今年立秋前有機會改途的話，不是隨時都可以回南京嗎，爲什麼說「小別竟十年」呢？而且，所謂「故鄉非故土」，更莫名其妙了。

此中最可靠而最近可以證實的，就是今年立秋前的改途一事，眼前雖然也是想不出什麼良機，好在只要過一個夏天就是立秋了，看看此事是否實驗，如果應驗了，他想先帶新婚的妻子回南京一下，因爲她是生在天津北平，從來沒有到過南京。

由春天而夏天，很快小暑就要到了，畢家春滿心希望夏老的話竟能應驗，要在小暑之前得有改途的良機。然而他自己越想越渺茫，自己一向在軍事機關裡做事，要改業實在太不容易。有一天是在星期六的中午，他在辦公廳裡接到天津的長途電話，是他的岳父打來的。電話中只說有要緊的事面商，要他當晚偕他的太太一道到天津去。

北京到天津比南京去上海更便利，通常在北京辦公的人，星期六下公之後搭火車去天津玩夜總會，第二日晚車囘來上星期一的辦公廳是沒有問題的。畢家春的岳家在北京天津都有生意做，也都有住宅，所以他新婚之後也常常星期六和太太一道去天津過一夜的；因此他倆當夜就到天津去了。

到底畢家春的岳父叫他去天津有何要事商量呢？眞是無巧不成書，原是岳父和兩位朋友會有一間經營西北土產的茂德公司，總公司在西安，北京和天津兩地是分公司。

昨天天津接到西安總公司的電報，說是總公司裡一位營業部主任突然因胃穿通病進醫院動手術，此病縱能醫治，也須兩三個月的休養，而目前秋收的時候，公司的土產營業正是當時，不能無人負責，而當時公司的正副總經理都在天津，總經理姓唐，而副經理就是畢家春的岳父；同時，那位生病的營業部主任原係畢家春岳父的內侄，所以公司方面要他岳父另派一人去暫代的。

又有一件湊巧的事，這位營業部主任原係天津人，本有胃病，自前三年派去西安之後，因家眷不曾隨身，飲食未能舒適，已染有胃潰瘍病，去年原想調回天津分公司工作的；現在既然發生胃穿通，就決定醫好之後調回天津，因而畢家春的岳父就想派畢家春去西安代理營業部主任的職務，其中也因爲畢家春太太時常請他父親替女婿安插一個位置，俾畢家春能夠脫離軍界，夫妻能夠長年聚首，畢家春夫妻兩人當夜到了天津一聽到這消息，當然表示十分願意，因爲算命夏老先生曾說過不可失去這良機。

此中又有一件湊巧的事，軍人辭職本不是隨便的事，而畢家春却需要在一星期之內就要前往接替，如果等待辭職書批准，最少需要一個月時間，如果再過一個月，那就過了小暑，而夏老先生却說要在小暑之前變動成事的。

眞是奇妙得很，第三天星期一上公時，畢家春先把辭職之意向主管科長表示，說是因爲急欲離職前往西安，請教有無辦法可想，使其能夠儘早獲得批准。這位科長平日與畢家春相處不甚好，就是畢家春所感到人事上不稱意的主要人物，畢家春原是怕他不肯幫忙，所以事先要向他表示，希望他能不予阻碍的。

事出意料之外，這位科長平日對畢家春雖然感情不甚好，而那天一聽見他要辭職，却喜形於色，另眼相看，滿口答應由他向處長商量，由處長打電報去向部裡請示。於是畢家春就當日上簽呈請求辭職，科長立即簽具准辭的意見，處長當日就發電報去南京請示。第二日是星期二，南京覆電來了，對畢家春的辭職果已「照准」了。

畢家春離職後第十二天，距離小暑只有三天。動身前往西安的前兩天，他到辦公廳去向處長和科長辭行。科長和他話別的時候，交給他一封信；這信是托交給西安茂德公司裡一個職員姓蔣的，是他的表弟。信中大意是說：貴公司新任營業部主任畢先生是我的好友，我已將你事拜托他了，望你安心工作，並多多向畢主任領教。」畢家春此時才明白，科長此次之所以熱心帮忙他的辭職，其意在此。

一會，畢家春又去拜訪其他同事。有個同事告訴他說，他的遺缺已於他辭職照准覆電來後的第四日就由處長的一個姓符的親戚補上的。畢家春又明白了一事，原來處長之所以肯爲他打電報去南京，原來不是帮他的忙。不管如何，由西安茂德土產公司營業部主任暴病起，至科長即日簽准，處長即日發電，南京部裡第二日覆電照准，這三方面的凑合，把他能在小暑前離開軍職，改業從商，而且向西北遷移，總算完完全全應夏老先生的算命，眞的絲毫也不爽了。

之後，他打算在西安，住下家，準備久居。

然而，沒有多少天，七七事變發生了。茂德公司的營業由北京天津改向西南發展，配合當時軍事形勢，頗有成就。但是，經過了八年的抗戰，南京陷落，畢家春一家向內地遷徙，故居毀於炮火。到了勝利後第二年他才有機會由內地再回南京。那時，正是離南京去北京的第十年，而南京的故居，則是一片瓦礫而已！

五：婚姻。職業。災難。命中註定

現在再來補述當時夏老在木瀆太湖樓中對其他各人所算的命運。本來他們一起去請夏老算命的有畢家春畢家秋兄弟兩人；又有姓高的、姓錢的兩人，又有從鎮江半路上車的兩夫婦，又有我和唐先生一共八人被喻爲八仙過海的。除第一個因從八字上看出畢家兩兄弟不是同父母所生的，先論家畢春的八字後，接着就談到畢家秋的命運。

當時畢家秋雖然也在南京軍政部做事已經十年了，但因今年正月偶爾跟幾個朋友到南京著名的童瞎子那裏算過命之後，很想離開軍界；因爲童瞎子說他命裏「殺重身輕」有且冲尅，不宜在軍界裏做事。然而，當時要想離開軍政已不是容易的事，再想轉別的部門更有困難，因此他也將八字開去木瀆，要請夏老給他看看今後的前途如何。

夏老先生除斷定他不是家春的同胞弟弟之外，又曾說他由於命有「奪長爭先」之象，所以他雖係次子，却是長兄。

之後，畢家秋就問三件事：第一件是他的前途和壽命如何？因爲童瞎子曾說他如何在軍界裏做事，再過四年，到了三十八歲就有牢獄之災，甚至有殺身之禍。第二件是如果辭去軍政部職務，要做什麽事比較合宜？第三件事，他自己三十四歲，他的哥哥長一歲，兩兄弟都很急於結婚，但不容易有相當對象，試問幾時可以結婚，是否美滿？

因爲夏老先生看過行家春的八字，知道他名義上旣係畢家秋的長兄，又必須等到明年才能結婚成家，所以便先就婚姻說起。他說畢家秋本當去年就有結婚的喜神，大概因爲長兄未有結婚的關係而躭誤了的。說他明年秋季必定要結婚，不再因爲長兄未婚問題而躭擱。畢家秋就問：「這婚姻是否美滿？女子應是多少歲數肖什麽的爲宜？」

「此事別人可能會不知道，而我却知道的，」夏老先生笑笑地說：「從你的八字上看，你自去年冬季起，已經有了兩個女朋友向你逐鹿，而你自己似乎還沒有把握對她倆有何選擇；但到了今年立夏之後，你就非有所決定不可的。依你的八字看，你的配耦應是肖鼠的。小你九歲，今年應是二十五歲，但不知你兩位女朋友中有無一個是二十五歲的？如果有。那就是你的眞正配耦了。依我看來，旣然明年秋季要結婚，那末其中必有一位肖鼠的。」

唐先生在旁就拍着畢家秋肩膀說：「小畢，你的秘密却被夏老先生揭露了，今天要你請客了，恭喜，恭喜！」

家秋臉上一紅，只對夏老點點頭，承認夏老所說的，兩位女朋友中確有一位是肖鼠的金小姐，今年才二十五歲。

接着談到前途的問題，夏老對于畢家秋的命運看法雖然大體上和南京童瞎子說的一樣，不宜在軍界裡做事，但他却已看出畢家秋明年夏秋必定發生三件事。一件是離開軍政部。二件是和金小姐結婚。三件是向東方遷移。問到既然明年要離開軍政部，那末三十八歲那年是否就沒有牢獄之災和殺身之禍了呢？而以後之職業當以何者爲宜呢？

關于頭一個問題，夏老所說的却比童瞎子更精確些。他說三十八歲災離之事與在軍政部工作沒有連帶的關係，明年三十五歲離軍政部乃另有因由的命定的事，並不是爲了要避免三十八歲的災難，所以三十八歲的災難仍然存在。不過這災難可能使它減輕，減輕的辦法有兩種：一種如果三十八歲那年是住在近水的地方，二是那年能在夏季之前有行善之事，則此災難在秋季發生時，便可以減輕，但仍不能免。

至于職業以何者爲宜問題，夏老說，因爲此命既不宜於軍界的「爭權」，也不宜於工商的「謀利」，則尚宜于文化界的「圖名」。如果此後能把權利之事讓人七分，那就可以延年益壽，否則五十一歲一關頗難渡過。

當時畢家秋對這夏老所說的既比童瞎子更具體確定，自以爲更見高明些，但他對于明年要離開軍政部一事，說是另有命定的因由而不是爲着避免三十八歲的災難，却有些懷疑。因爲他在軍政部服務已經十年了，人事關係也極好，如果不是今年正月南京童瞎子算命說他不宜在軍界做事，同時與三十八歲的災難有連帶關係的話，他原不想離開軍政部的，若是自己不想離開，軍政部絕不致無故叫他離職的，那末明年何有離開軍政部的事呢？他把這理由說明之後，夏老就再把他的八字詳推了一下，說：「你到了明年春夏之交，將發生魚與熊掌二者不可得兼的事，情勢要你捨魚而取熊掌。」

夏老又說：「就命理上只能看出有此現象，至於將發生何種事實，到了那時自己自然會明白的。」

到了明年，畢家秋到底怎樣發生了「魚與熊掌兩者不可得兼」之事呢？說來好生奇妙，畢家秋不是有兩個女朋友其中有一個金小姐嗎，依夏老說，這位金小姐正是畢家秋的配偶，而且明年要結婚。金小姐是上海人，在南京高等師範讀書，明年是畢業之年。到了明年，他倆戀愛也已到了成熟階段，打算於金小姐畢業後結婚。

金小姐是上海有錢人家的子女，她父母只有她一個女兒，還有兩個弟弟。父母十分鍾愛她，要她讀高等師範不讓她去留學，爲的家中有財產，只要她不遠離父母。她的父親是上海聞人，是兩所中學兩個公司的董事長，所以只要高小姐高師畢業回去上海辦學就夠了。

至於畢家秋和金小姐戀愛的事，因爲金小姐在南京讀書，畢家秋的父母當然見過的，也非常滿意。但金小姐知道她父母的婣婚條件，畢家秋的職業不合父母的條件，所以一向只對父母說有男朋友　却沒有說男朋友是怎樣的一個男子。她父親既係上海的有錢人，當然看不起政途。因此金小姐不會把畢家秋的家世及現職告知父母。

但是，臨到結婚的時候，這謎底就非揭開不可了。當金小姐把畢家秋的相片和家世履歷等寄給父母時，她父母的唯一條件就是要畢家秋辭去軍政職務，來上海結婚，結婚後在上海居住，就在他的公司或中學校中任事，這就是夏老所謂的「魚與熊掌二者不可得兼」的事實了。

本來畢家秋也答應了這原則，只要求結婚後辭職，因爲在職官員對於結婚多少有些體面的。但他的準岳父堅持先辭職後結婚，他恐怕結婚後不辭職就無法處理了。爲了促成此事，他提出非常近情合理辦法，說，畢家秋應當以辭職事表現他對金小姐因愛情而犧牲職位；而女家因表示愛護女婿的誠意，在畢家秋辭職前，兩公司及兩學校都聘請他爲副董事長。

就這樣，畢家秋就把軍政部的職務辭掉了。使畢家秋確也樂意這樣做的理由，除了愛情、地位之外，還有一個命運上的原因，就是這事實的發生，完全應驗了木瀆夏老的預言，要與肖鼠的金小姐結婚；要辭去軍政部職務；要向南京的東方遷移；要改途爲文化有名譽的事業。這四件事都實現了，畢家秋不得不向命運低頭了。

畢家秋和金小姐結婚後，就在上海住下，兩人同心合意致力於文化和教育事業。這是一九三七年夏天，亦即畢家秋三十五歲的事。那知結婚不久，上海的「八一三事變」發生，八年抗戰從此爆發了。接着，國民政府遷都，南京失陷。畢家秋不能不暗自慶幸蘇州木瀆夏老算命所言的應驗了，果然離開了命中不宜的軍政部，否則在軍政部裏今天變爲隨時到防空洞裏辦公，就有性命之危了。

但是，自從上海淪陷之後，上海周圍也相繼失守了，上海的英、法兩租界變爲陸上的孤島。畢家秋經營的兩所學校，一所在法租界，一所在英租界，當然尚能照常開學；

但情形也和從前有所不同了。由於畢家秋曾是南京軍政部十年以上的職員，當然與抗戰工作不能不有關係。他不特與西遷的政府發生了關係，與上海地下工作人員私人上也有密切關係。

他不會忘記算命的曾對他說過這段話：「三十八歲離開軍政部乃另有因由的命定的事，並不是爲了避免三十八歲的災難，所以三十八歲的災難仍然存在。不過這災難可能使它減輕的辦法有兩種：一種是如果三十八歲那年是住在近水的地方，二是能在那年夏季之前有行善之事，則此災難在秋季發生時，便可以減輕，但仍不能免。」

因此，他想，今年他果然乃因結婚事離開軍政部來到上海，而上海又是近水之地，這是第一個可以減輕災難的地區。那末，現在上海雖然成了孤島，仍有海道可通，而陸上也有間道可走。如果一旦上海租界也有危險，他就決定取道去香港，那裏又是一個有水的地區。因此，畢家秋當時在上海就買了不少的香港鈔票和金條，預備急時作逃難去香港用的。這計劃是當時上海有錢人的一種通策。

至于在三十八歲夏季以前的行善一事，他當然也明白不是要等到三十八歲才開始做，關於「積德延年」「行善免災」的事，需要平時日就月將的，所以他當時對於上海華界的災民，租界裏的善事，都能以「爲善最樂」的心情去做的。當然，他對於地下工作的人員，也盡了他的帮助責任，無論在掩護和金錢上的帮助。

由三十五到三十八歲，也就是由一九三七至一九四零年，這三年畢家秋都蟄居上海法租界，連英租界都很少去；因爲英租界與日軍所佔領的虹口地區接近。那年正月，因爲這年是他的災難不免的年歲，所以就到法租界的霞飛路張燮堂瞎子的那裏去算一個新年命。

算新年命的意思並不是有什麽新的命運；命運不會有新的，不會因新年有什麽改變；而是要在新年正月中細看本年的吉凶休咎。這叫做看「流年」，目的在專門查看本年，比較能夠詳細些。

瞎子張燮堂屈指把畢家秋的八字一算，就說他今年流年大不利，因爲那年是歲次「庚辰」，庚是他命中的殺，他本是「殺重身輕」的八字，現在又逢庚殺流年，而「辰戌」又冲，斷定他到了今年八月九月的酉月和庚月，災難不免。依八字看，本有殺身之禍，好在命根未絕，絕處逢生，危中有救，可免一死。

畢家秋就問道這災難到底是那一種？身體受傷呢，還是牢獄之災呢，畢家秋心裏怕的是身體受傷，因爲這是比較痛苦而且是不能自己防衛的，如遭遇流彈或强盜之類。若是牢獄之災，他就打算八九兩月躲在家裏，當能避免的。

果然張燮堂算了他八字，也如他的所願，說他不是身體受傷而是牢獄之災。再問他有多少天的牢獄之災？答說是有一百天的牢獄之災。

再問他由什麽時候到什麽時候？他說，由陰曆八月初七日白露起，到十二月二十三大寒止；如果能在十一月二十四日冬至之前不發生，則可以免；若在十月初八日立冬前發生，就必須等到明年正月初九日立春之後，二月初九驚蟄之前才出獄。

於是畢家秋就决定於八月初一日起躲在家裏，足不出戶，直到十一月二十四冬日爲止。當時家裏有保鑣，當然不怕强盜。然而，事實發生非常奇怪。那年汪精衛政府成立，在「還都」的號召之下，畢家秋有不少的舊朋友從內地來到上海。

他自己雖然足不出戶，却不能不讓濶別多年的朋友去看他，於是有一天晚上，當他送朋友出客廳時，想不到有兩個朋友拿出手槍，把他綁上汽車，駛去滬西極司非而路的七十六號去，那是汪政府著名的持務機關。直到立春後五天恢復自由時，屈指計算，離家坐牢一共已九十八天了。

六：高佬和尚命　錢仔綠頭巾

高佬是安徽蕪湖人，有司法行政部任職。他的名字高永貞，那時一九三六年是三十二歲，因爲有些老成持重的風度，所以朋友們都叫他爲高佬。錢仔是高佬的表兄，長高佬兩歲，名叫錢存良，在南京最高法院供職，由於他生性隨便，頗有人緣，所以大家都叫他做錢仔。那天我們在蘇州旅行，他倆是和我們一起從南京去的。我們六人中，除我和唐先生外，畢家春、畢家秋兩兄弟倆和高佬、錢仔四人都曾把八字事先開給木瀆夏老的。所以那天夏老給畢家兩兄弟談完八字之後，接着就替他們兩人談談了。

如果依面相來看，高佬的老成樣子可以看做三十五六歲的人，而且也能是三五個兒女的父親了的。但很奇怪的一事，當夏老和高佬談命時，第一句話却被夏老說對了。他對高佬說：「高先生，你雖然已經三十二歲了，官階也算不小了，但可惜至今還沒有結婚。」

爲什麼夏老先生第一句會說這呢？因爲當唐先生在高佬八字開給夏老時，曾註明要請夏老算算看他有幾個子。所以夏老不能不把這高佬所要問的問題先行答覆——尚未結婚，當無兒女。

「那末，據夏老看，他幾時可以結婚呢？幾時當有兒子呢？」

錢仔在旁邊就替高佬這樣問。夏老似乎有些說不出的樣子，斟酌了一下，說：「他本當二十八歲那年有結婚的機會，可惜只是露水姻緣，比如曇花一現，沒有結實；這一個機會過了，今後要想明婚正娶，恐怕有問題了。」

夏老看了高佬一下，又繼續說：「高先生，我直說了請你不要見怪，你這命就是俗所謂『和尚命』，就是結了婚，終是要過和尚生活；你明白這意思嗎？」

「明白。」高佬說：「我的確也很想做和尚。」

夏老不等他再說下去，就截路說道：「不過，所謂和尚有兩種：一種是眞和尚；一種是假和尚。前者是出家的和尚，後者是在家的和尚。而你並非眞和尚，所以要出家還能出家。依你的八字看，你的官運倒不錯，此後三十五年還能一帆風順，雖沒有高官顯爵，却能步步高陞。可惜的是，婚姻一事總是高不成低不就，永無良緣，因而就不可能合意的璧合了。」

說到這裏，夏老反指着高佬的八字有揣摩似的。

「有個問題想問你。」夏老突然在八字上又看出了什麽似的：「你近來是否有了女朋友？」

高佬還沒有答話，錢仔却又笑笑地說：「是的，他正想和這女朋友議婚的，你看成嗎？」

原來高佬自二十九歲那年，和秦淮河歌女陳淑梅實行同居，不滿一年就宣告分居之後，一直高不成低不就，找不到適當的對象。前幾個月他又在交際場中走了桃花運，想想自己已是三十二歲了，不應當再躭擱，但有個問題不能决定，所以就托唐先生把八字寫給夏老了。

夏老此時也輕笑地說：「我已經看出了他近來有女朋友；但是，這不是正桃花，只是偏桃花。而且這桃花的女朋有兩個人，他還在徘徊於兩人之間，不能有所决定，所以此時還說不到議婚之事。」

夏老說到這裏，就對高佬說：「高先生，我說的對嗎？那兩個女朋友，似乎都不是名門閨秀，所以你又是低不就了，對嗎？」

高佬點點頭。夏老又繼續說：「你今年既有偏桃花，又逢姤合，是晦氣之年，希望不作此想，徒勞心機，必無好事可成。非到五十五以後，沒有正式結婚的事實。但你到了四十五歲那年，却有得子的喜事，大約因爲你是兄，你的兩個弟弟中，有一個姪子過房給你的。」

事實上，高佬這近三十年來，隨着政府由南京撤退重慶，又二度撤退去台灣，官運雖不享通，却也一帆風順，不曾中斷。在重慶前後九年，也只有霧水夫妻，並無正式結婚，到了一九四九年他又由南京撤退去台灣時，他的二弟高永發那些正在南京做米糧生意，看見長兄未娶無子，又不知後會何時的別離，就把自己的第二和第三的一男一女，過房給高永貞，隨高佬帶去台灣教養。當時高佬不曾注意到此事，因爲他經過了抗戰的流連，把木瀆夏老算命之事已忘記了。

到了台灣，政府舉辦公務員配給制度人口登記時，才發覺離開南京把姪子過房那年，正是夏老所說的「到了四十五歲那年，却有得子的喜事。」更奇怪的，前四年高佬和一個也是從大陸撤退台灣的孀婦鄭女士正式第一次結婚。登記的民國四十九年（一九六〇）五十六歲，在算命上計算也正是滿五十五歲。

夏老把高永貞的命運談過之後，錢存良就對夏老說：「現在請老先生給我看一看也是和尙命嗎？我們兩人是表兄弟，好像是同病相憐的樣子。」

夏老從錢存良的口氣裏，好像也是一個單身漢似的。但是，當夏老把錢仔的八字打開一看，却微笑而輕鬆地說：「錢先生，你說你也是和尙命嗎？也不是眞和尙，也不是假和尙，而是野和尙！」

哈哈一聲，大家都笑起來了。「錢先生，你今年三十四歲，我剛才說你是個野和尙固然是說說笑話，但你的命運也有一個很大的缺點，那就是妻宮有缺陷。雖然你和你的表弟高先生同樣妻宮有毛病，但兩人的毛病却不同。他的毛病是妻宮黯淡，大半世無妻無子；而你的毛病則是妻宮姤合，前半世妻多外向。」

當夏老說到「妻多外向」時，錢仔臉上的表情有些不大自然；而夏老却很自然地繼續說道：「這是命中註定的事，與你自己的人格無關。同時，也不能怪你的太太，應當怪你自己，因為你自己對於女色大有興趣的，這完全關係於妻宮姤合的毛病，如果你能早知此種毛病，在你三十四歲那年能夠謹愼，不要太風流的話，就可能把命運多少挽轉回來，不至於有今日情形的。」

「過去的事情我想隨它了，不再說了，請你看看今後的情形如何？」錢仔似乎不欲夏老在人前再把過去的情形說出，那是他自己明白的一件不可告人的醜事。但是，因爲夏老發現錢仔的八字，自二十四歲起，每十二年也就是每逢「寅」年，都可能有「牆內桃花」之事，所以不得不對錢仔有所勸誡，說他的八字以後還有不好的事，務須切戒。

他說：「錢先生，我不是要說你的過去不好的事，而是要把未來不好的事告訴你。你二十四歲那年，因爲你自己的牆內桃花，才使你的剛剛結婚滿一年的太太一氣，先對你報復，之後又離開你而琵琶別抱。此種人事上的不幸，雖然命中有此現象，却不是絕對不能避免的，可以由大化小，由小化無，這些可以避免的事而不事前想法避免，便由小而大，禍災立至了，這一點我們不能不明白告訴你的。」

錢存良聽見夏老如此說來，雖然心裏承認當年的家庭變故，固然由於自己的荒唐，也由於大他一個月的堂姊的淫蕩，乃有牆內桃花之事；但他頭一個太太跑走之後，他也曾對女色之事檢點過；然而，他於二十六歲與第二個太太結婚，而二十九歲又碰到太太有「紅杏出牆」之事，不能不離婚。至於現在這位第三任太太，是三十二歲才娶的，雖已相安無事兩年了，但他仍似驚弓之鳥的心情担心又有不幸之事發生，所以他就問夏老說：「夏老，二十四歲時的事我承認是先由我自己的荒唐，但以後的情形你看到底其罪在我，還是應當歸咎於你剛才所謂的妻宮妬合的缺陷呢？這妻宮妬合的缺陷可用何法可以避免呢？而我現在這位太太是否可以同諧白首呢？」

「當然，基本上的毛病還是關係於命運，」夏老說：「依你的八字看，你是逢四與九之歲，即丙與辛之年，乃大運五年交脫之年，而在這年歲，家庭夫妻之間都可發生變故。又有一個毛病，就是由二十四歲丙寅年起，每十二年逢寅年，都可能有牆內桃花之事。所以我之欲明告你的，今年是丙子年，後歲又逢戊寅年，雖然不至於像丙寅年那麼嚴重，自己牆內桃花，而太太又有紅杏出牆，但今年你的太太有些事故，恐怕又是難免之事；至於後歲，你更當特別小心了，幸而今天我們已經發現了這毛病，想來可以避免的。」

此時錢仔一聽每五年必有家庭不幸事故一語，才把二十四歲和二十九歲兩年的歲次扣算一下，果然頭一次與妻離婚是丙年，第二次是辛年，而今年却又逢丙年了。他這樣一想，便急急地問道：「那末今年我的女人如果要發生事故的話，應當在什麼時候呢？如果想避免的話，有沒有辦法好想呢？」

這時候錢存良似乎已顧不得什麽面子問題，要當着衆人面前請問夏老了。

夏老想了一下說：「最可能發生事故的日子就是以今天爲準，前三十天至後三十天六十天之內。最好的辦法就是你不要使她受刺激，每日都要和她在一起，不要離開，體貼她一點，那就可能避免的。」

夏老才說到這裏，錢仔突然不自禁地，拿起拳頭向桌上輕輕一擊，口裏暗嘆了一聲「唉！」

原來錢存良的太太，已於三星期前因與錢仔口角，負氣走去上海女朋友家裏去住，那位女朋友是上海的交際花潘小姐，前兩天錢仔接到一個在上海市政府做事的好朋友來信，說對他的太太來滬有所耳聞，勸他要來上海接他的太太，否則恐怕又有不幸事件發生。所以此次他和我們一起來蘇州，主要的目的在於請夏老算算命，更重要的事則是要到上海去接他的太太的。此時他一聽夏老說他的太太要出毛病就在這前後的月內，他便不由自主地拍了桌子，「唉」的一聲，又自言自語道：「她又糟了！」

本來錢仔也計劃隨我們玩了蘇州木瀆，並去鄧尉山看過梅花之後再一道去上海的；現在他一聽夏老這消息，心急如熱鍋上的螞蟻，沒有心緒遊山玩水了。當晚在木瀆太湖樓草草吃了晚飯之後，看看時間還來得及回來到蘇州車站趕搭夜車到上海，由是他就一個人由木瀆返回蘇州，趕夜車去上海了。

因爲他要趕火車，我們還沒有吃完飯，他要走了。走後我們也都爲他關心，就問夏老，今年錢先生的壞運是否可以幸免呢？因爲高永貞是他的表弟，知道他的表嫂跑去上海之事，也知道前兩天上海來信的事，因爲那寫信的朋友乃是高佬的同學，也同時寫信給錢永貞，叫高永貞勸錢存良快些來滬，否則錢存良的太太就要出毛病的。

此時經大家這樣一問，於是高永貞就請教夏老道：「夏老先生，你看我的表兄和表嫂會又要分離嗎？他今天趕去上海的事，會如意嗎？」高永貞當然不便把自己所知道的情形說出來。

「如果在這前後十四天之內他們兩夫婦曾經離開過，那末，這不幸之事就恐怕不能免的。」

夏老又想了一下，更堅定地說：「我看錢先生今天此種情形，他的太太好像已去上海的了，那末此事恐怕無法挽回的了；因爲這三十天內是他倆最不利的日子，一離開就很難再合了！」

事實上呢，錢仔即晚趕到上海，立刻打電話去潘小姐家中查詢太太的情形。潘小姐和錢存良從未見過面，在電話中問：「你是錢太太的什麽人？」

他答說：「我是錢先生的朋友，剛自南京來，錢先生托我打電話查你，錢太太是否住在貴處，因爲錢太太離開南京時曾說要住府上。」

潘小姐在電話中回答說：「她根本沒有住在我這裏。我們是見面的，但不是住在這裏。」

錢存良又問：「那末潘小姐你知道她住在那裏嗎？因爲錢先生在南京今晚等我打長途電話給他，他明天早車就要來的。」

接着，錢仔又說：「潘小姐，你知道嗎？他們兩夫妻鬧別扭，我們彼此都是朋友，希望潘小姐也帮帮他們的忙！」

「錢先生明天才來嗎？」潘小姐說：「爲什麽前一個禮拜不來呢？現在我們要帮忙也不及帮忙了！」

「爲什麽？她怎麽樣了？」錢存良心慌了。

但聞對方潘小姐在電話是這樣說：「請你今晚打長途電話給錢先生，叫他明天用不着來了，她已於前天搭加拿大皇后郵輪去香港了。」

說罷就把電話掛斷了。於是他就驅車去找那住在市政府做事的朋友。

從朋友那裏得到的消息，合起來關於他太太的事情是這樣：他的太太在未和錢存良結合之前，已有一個男朋友，這男朋友是在香港某洋行裏任華經理；去年秋天錢太太獨自來上海遊玩兩星期時，就已與這位男朋友重溫舊好了。因爲這位男人去年春天喪偶，所以又與錢太太通信，藕斷絲連，又做起情人。此次他來上海，原是有計劃的，男朋友先來上海，買好了錢太太的船票，除了事先被發覺報警之外，就是錢仔事先趕到上海也是無濟於事的。

錢存良好在前幾個鐘頭在木瀆聽了夏老算命說過了妻宮不好，以及今年可能的不幸之事，心理上早已有所準備；同時這也是他第三次家庭的慘變，所以尚能勉强鎮靜，安於命定。於是第二天早車他就廢然回返南京去了。

由於夏老把他的命算得這樣的準確，使錢存良不得不關心後歲戊寅年的「牆內桃花」壞運又再來臨。本來他是一個人緣很好的人，很容易馬上就再結婚的；但因怕有後歲不幸之事發生，便決定要等渡過三十六歲的壞運再說。

到了明年的年關，奇怪之事果然發生，十二年前那位和他發生牆內桃花醜事堂姊，竟然死了丈夫，又從漢口囘來南京居住。於是他過了年就偷偷地獨自到安徽黃山一個朋友親戚家中住滿一年，直到那位堂姊離開南京去天津，他才囘來南京，這樣子才把三十六歲的牆內桃花惡運避去了。後來他到了四十歲才第四次結婚，四十八歲却平安無事。

七：嫁娶離合　命有定數

我們在蘇州木瀆太湖樓吃了晚飯之後，接着就由唐先生向夏老聲明，說是今天原來只麻煩他老人家看看四個人的八字的；但因半路上鄒先生夫婦從鎮江上車，聽說我們六人來木瀆請夏老算命，因爲鄒先生久仰了夏老的大名，所以臨時把往上海的計劃改變，一道也來木瀆，要請夏老原諒，並承情再費神一下，給鄒先生夫婦也算算。

當然夏老未便拒絕，只好叫和他同來吃飯的姪子取出算命用的曆書替鄒先生夫婦排了八字。鄒先生夫婦都是四十多歲的人了，鄒先生在江蘇省政府財政廳任科長，而鄒太太則在省黨部做事。他們兩人無論在年事上，人生經驗上，甚至男女情愛之事，都比我們六人老練得多，可謂曾經滄海的人。所以當八字排出，夏老正在斟酌的時候，他倆就對夏老說：

「我們過去已久仰了夏老的大名，剛才也親耳聽了你老先生對他們四個人的直說直斷情形，所以我們也不必避諱地，請你老先生即便直說，好在我們現在都老了，不會再有甚麽變化了，但問今後之事如何；因爲鎮江有個著名的算命先生，前年曾說我明年運氣不好，有災難，家庭也有變故，不知是否屬實，請夏老替我們查查看如何。」

接着夏老就說：「本來我可以不說你們過去的事，只說後運如何；但我們算命有個規矩，在判斷後運之先，必須先論前途是否不錯。不錯，你的八字就正確，後運才可推斷；若是前運不對，就是八字不正確，後運也就無從推斷了；所以我非先問你幾件事不可。」

「是，」鄒先生說：「請夏老隨便問，我們一定儘所知的告訴你作參考。」

「你們兩位不是原配夫妻，對嗎？」夏老又說：「不特不是元配，而且也不曾正式結婚，對嗎？」

鄒先生一邊點點頭，一邊微微笑地說：「不是元配是對的，但我們倒是正式結婚過的。」

夏老懷疑地說：「你曾是正式結婚的？我想，你們只是事後補行一個手續罷了，依八字看，你們應是『先行交易，然後擇吉開張』的，對嗎？如果不對，那就是出生的時辰錯了。」

夏老不待鄒先生答話，又補一句說：「而且依我看來，你們的八字並沒有錯，因爲你們倆都不是元配，已被我斷準了的。」

鄒先生聽了夏老如此堅定的推斷，便向他解釋說：「是的，我們是事後補行手續的。」

「那就對了，」夏老說：「你之所謂補行手續，只是預備在法律上用的是嗎？而且是你們先有了頭一個兒子之後才補行手續的，爲的是你們婚姻上尚有其他的轇轕，對嗎？」

這句話夏老却把鄒先生夫婦說呆了。他倆覺得這未免太希奇了，爲什麽會在八字上看得這樣清清楚楚呢？於是鄒先生就說：「難道這些事都是命中註定的，不是我們自己做錯了嗎？當時因爲有轇轕，有了許多麻煩的事，我們都以爲自己做錯了，這樣看來，倒是命有定數的了！」

「倒不能這樣說，」夏老解釋道：「命中只是有此種可能的趨勢；這是屬於人事方面的事，不是屬於于天災方面的事；如果屬於天災方面，那是不容易避免的話，你們這些事都可避免的。因爲當時你倆如果自己不肯和不做的話，誰也不會强迫你們要那樣做的，你們當時可以不那樣做的。」

夏老這話似乎不能使鄒太太心服，她就問道：「這倒使我不明白是何道理了，你剛剛所說的既然都是我們倆的八字上看出來的事實，這八字在二十幾年前也是這個八字，若是當時請你看的話，該是怎樣說呢？難道二十幾年前的命和二十幾年後的命，會有兩樣不成？」

「是的，鄒太太，你問的非常有意思；」夏老解釋的說：「如果你當二十二歲那年正月來看，我只當說你那年四五月間會與你的前夫離婚，同時說你七八月之間又有結婚的可能；而明年又有得子的現象。但你那年不先與前夫辦好離婚手續，而先與鄒先生實行同居，以致你就在與前夫既未辦離婚手續，與後夫又未正式結婚的中間，身上先有了孕，乃發生轇轕了。這情形在當時只能看出你有不好的桃花運。但這桃花運可以避免的，如果你能夠抱定路歸路，橋歸橋的做法，先與前夫辦妥離婚手續，再與鄒先生舉行正式結婚，同樣你是二十二歲得胎，二十三歲得子，而與前夫的轇轕就沒有了；可惜你沒有這樣做，所以等到身上有了喜才去辦離婚手續，繼而大約因爲肚子太大了不便舉行婚禮，所以只好辦一個法律上的手續了。」

當時我們幾個人坐在旁邊，聽了夏老這樣解釋，也深覺奇妙。原來像此類關於人事的命運，事前與事後是有不同看法的。於是唐先生在旁就問：「二十幾年前是這樣看法，那末現在你又從何看出她過去是如此情形呢？如果她當年不和鄒先生結合的話，是否可以避免此種事件呢？」

夏老答說：「我剛才之所以敢這樣確定的說他們是此種情形，就是根據他們兩人的八字配合看的。因爲他們兩人那年同樣都有這樣情形，鄒先生那年也和他的前妻離異，也同樣有桃花運，同樣第二年要得子，同樣有晦氣和小官符之事，所以那些不幸事件就不能免了。」

「我們還有一件事，也是兩人相同的，夏老你會看出來沒有？」鄒先生微笑地說：「那也是一件好奇怪的事，竟然我們倆同樣有過那件事，眞可謂同病相憐了。」

「是不是指婚姻上的事？」夏老說：「我早經已看出了的，你們倆都是第三次的婚姻，第二次是離，頭一次是尅。不過兩人有些不同，鄒太太是十七歲未嫁尅夫，而鄒先生倒是二十三歲已娶尅妻。這種刑尅頭夫頭妻之事，有的可以避免；有的不可避免。像鄒太太，十七歲那年要尅夫，就是還沒有結婚，只要訂婚了也要尅；這是屬於不可避免的一類。」

鄒太太搶着說：「是的，後來有個算命的說過，如果我當時能配一個肖虎的，命硬的，那就不尅，否則就要挨過了十七歲才議婚，那就也可以避免了。但另有一個算命的說，如果十七歲那年無夫可尅，恐怕也要尅父母，不知有沒有這個道理？聽說我那一次和人議婚是改了時辰的。」

「不錯的，十七歲那年你必定要刑尅與你最近的六親。本來女子未出嫁，只能尅父母，但因你命中有三嫁之象，所以當時你既已訂婚了，就要尅夫，或者由於你父母命硬那年命不當終，所只有去尅未婚夫了。」

夏老再就鄒先生的八字說：「至於鄒先生的八字，他到二十三歲那年，才有尅妻的命，如果他能等到二十四歲才結婚的，那就不會尅妻，只會離異了。這是你們命中不同的地方。」

關于鄒先生夫婦前運婚姻之事說到這裏爲止。接着要談談他們倆的後運問題。主要的問題是明年到底有何事故發生？鎮江算命先生所說的是否不錯？

命理之事實在玄妙難言，夏老雖然把鄒先生夫婦的前途完全看對了，也對他倆的後運看出要點，但自已也覺得有些莫名其妙，所以有些難於出口似的。鄒先生事先曾對夏老聲明過，他們倆已經老了，不會再有什麼變化了，所以要夏老盡管直問直說，用不着顧忌。但是夏老自己對他倆夫妻前年起的運途，却有想不通說不出的難處。

他躊躇地說：「這命裏雖然很明顯，但我却想不通，所以不知應當怎樣說是好。現在我只好就八字說後運，請你兩位姑妄聽之也可以，不要把這事放在心中。」

他就對鄒先生夫婦沉重地說：「你們雖然都已四十多歲了，但夫妻之間可能還有一些不愉快之事而有變化的。依八字的冲尅及行運來說，明年下半年起，你們似乎又有分離之象；然而又看不出，是由於兩人感情上的破裂。這使我一時也想不出其中是何緣由了。」

「既不是感情破裂而又要分離，那末是不是我的職務有變動，我要到別的地方謀職去？這可能是我們今天想不到的事。」鄒先生說：「我本來有計劃在今明年之內要到北平去玩一趟的，但我們是計劃兩人一道去的。」

夏老說：「並不是旅行，也不是職務的變動，而是你們兩人要分離。而且不是十天八天或是幾個月的問題，而是在這戊戌運內的十年長時間，所以想不透了。」

「十年？」鄒先生說：「那無論何事不致於離別十年的，就是到別處去謀事，也會把家眷接去的。」

接着鄒太太就問：「那末十年之後如何呢？我已經四十四歲了，要再嫁也沒有人要了，那只有他也許還可以再娶一個，他是否還有第四個太太的命呢？」

鄒太太說時態度倒很自然，因爲畢竟這只是算命。

「這就是我想不通的事了。」夏老說：「離開十年之後你們還可以聚首；因爲已亥申寅又可復合無疑。其中有一個難決的問題是在你們離開的第六年，就是壬午年，鄒先生似又有再娶的現象。鄒先生既再娶，何以在再娶後的第五年他們又會聚首呢？而且，在這再娶後幾年中間，他又沒有尅妻或其他家庭變故之事；這眞是使我想不透，說不通了。」夏老說到這裏，似乎不願再說下去了。

關于鄒先生將於明年下半年起要分離十年之事，暫且不再談下去了。鄒先生也不願意再去追問，只好姑妄聽之了。因爲夏老自己也承認想不透說不通，何必再去追究，也何必信以爲眞呢。於是他爲着結束談命，就順便問一事，關於他倆夫妻此次去上海要辦的一件金錢的事。

鄒先生問：「以後十年的大運可以不去管它了，請夏老再給我看看，後天我們到上海要辦一樁事，在這三五天之內是否可以如意辦妥？」

夏老又看了他的八字，又打開曆書查看這幾天的日子，就說：「在七天之內你所要辦的事不成。不特那事辦不成，還有其他枝節發生，需要小心應付，否則還會發生麻煩的事。」

「那末，等這七天過了，是否可成？」鄒太太說：「本來此事，上星期就可以辦妥的，想來不會有什麼枝節的。」

「在這十四天之內，有小人作祟，雖然已過了七天，但這七天仍有小人從中作梗，必須過了這七天，才有希望成功。但此事是與人合作的，所以到底能成功與否，還需要看看對方的運氣。今就鄒先生的八字看，如能保守至七天過後不發生枝節的話，那就有成功的希望。」

事實上呢，此次鄒先生夫婦去上海乃辦理一件江蘇省政府財政廳與上海、松江、寶山、青浦各縣某種稅務上「暗盤」的事，果然有些枝節問題，於是鄒先生需要於到滬的第三日趕回鎮江去處理，把鄒太太留在上海代表鄒先生和對方講盤。也果然那事過了七天才辦妥了。

至於所謂明年下半年起的事又如何呢？明年下半年抗日戰起，江蘇省政府向內地撤退，鄒太太一時不能同行，從此夫妻開始分離。不久，江蘇省財政廳因無公可辦，職員多半解散，鄒先生調到成都銀行去做事。

自一九三七年離開鎮江，第六年一九四二年也就是壬午年，鄒先生根據政府法令的准許，和銀行女職員柯女士結婚作爲「抗戰夫人」。一九四五年抗戰勝利，一九四七年冬天鄒先生從成都回到江蘇。合法的抗戰夫人當然明目張胆跟隨鄒先生也以抗戰勝利的姿態回到鄒家。此時與鄒先生分離十一年之久的鄒太太，除了「安命」之外，還有什麽好辦法呢！

八：八仙齊過海 分飛各自旋

蘇州木瀆夏老先生，當我們同行八人那天初到他的湖畔山房拜訪他的時候，他的姪子就告訴我們，夏老那天早上曾起一卦，依卦象寫了一首卦辭這樣說：「有客西來午刻到，六人中路成八仙，暢遊木瀆鄧尉後，海上分飛各自旋。」當他卜卦的時候，我們由南京上車只有六人，到了鎮江，無意碰到鄒先生夫婦上車，原是去上海的；我們和他倆談起我們要到蘇州旅行並去木瀆算命，他倆夫婦才臨時改變計劃，和我們一道在蘇州下車的。當時我們對這卦辭不勝驚異，因爲「六人中路成八仙」句，未免說得太奇妙了。

不過，當時我們對卦辭末句「海上分飛各自旋」，雖然有些懷疑，却也認爲大體上是不錯的；因爲我們由南京來六人是一起，而鄒先生夫婦由鎮江來的是一起，當然到上海之後彼此是分飛的，然而事實却不止此，八個人雖然一齊來到木瀆，而八個人到了上海之後，眞的各走各人的路，竟然都在上海分散，八個人各自回去。

先說錢存良，他因爲聽了夏老算命說他的太太就在這幾天分離之中出毛病，所以他當天晚上就趕去上海，到了上海，一聽見他的太太已於前天跟她的舊情人去香港了，就在第二天的早晨獨自趕囘南京去了。他原想到了上海和太太以及我們一起玩幾天的，誰也想不到他的太太竟然跟人私奔，逼得他不得不獨自趕囘南京料理善後的家事。

再說鄒先生夫婦兩人，原也是打算在上海辦好他的營私舞弊之後，大玩十里洋場一下，再一齊囘鎮江的。那知這事也如夏老的預卜，暗盤講不好，反而生出其他枝節，逼得鄒先生趕囘鎮江去處理財政廳中的有關枝節的事，而鄒太太則留在上海代表鄒先生接洽暗盤。後來暗盤接洽好了，鄒太太也獨自一個人囘去。接着抗戰發生，我們一直再沒有和他夫婦倆會過。

除了鄒先生夫婦兩人和錢存良外，八仙中還有我們五個人是一道從南京到蘇州，又由蘇州一道到上海的。本來在南京時曾擬定在上海三五日一起囘去的。

到了上海之後。我和唐先生、高永貞三人是住在大上海飯店，而畢家春和畢家秋兩兄弟在住在租界呂班路他的親戚家裏，但我們每天仍由電話約定在一起玩吃的。

到了第三天，畢家兄弟來一個電話，說是他的杭州有五服內的堂弟，明日在杭州結婚，在上海的許多親戚都要去杭州觀禮並遊西湖，認爲他兩兄弟既然到了上海，順便應當到杭州去一趟；而杭州族人也來電話邀請，不去似乎說不通，所以決定明天早車去杭州，既在杭州，總要玩三兩天的，於是他兩兄弟就決定不跟我們一道回南京了。

現在留下的只有我和唐先生、高永貞三人在上海了。那天剛好高永貞碰到那位在市政府做事的同學，才知道他的表嫂已經私奔去香港，表兄錢存良到滬第二天也就回去南京了，於是他在人情上不能不打個長途電話去安慰錢存良。那知錢存良回到南京之後，他本來有胃潰瘍病，當不起太太私奔的大刺激，胃病復發，胃出血情形嚴重，送入鼓樓醫院動手術，家人一接到高永貞的電話，就告訴他這消息，請他馬上回南京，錢存良有事要和他商量。於是高永貞就決定不等待原定後天一道回去，當天夜半就趕回去了。

再湊巧不過的一件事，唐先生在那天遊罷太湖去鄧尉山再回到蘇州城裏那天，因爲他是蘇州人，雖然他的太太和小孩都在南京，蘇州的老家還有不少人，所以就回去看一看。因而家裏人知道他要來上海，就向他打聽在上海住在什麼地方，他就把我們預定的大上海飯店的地址開給他們。因爲當時正是春寒時候，上海有暖氣裝備的大旅館時常客滿，所以我們預先定好了上海大飯店的。

那曉得唐先生家裏人聽見他到上海去玩，打算敲他的竹槓要他破費破費，第三天蘇州唐家來了四個本家兄弟，要唐先生請他們的客，遊玩上海兩天，因爲一則旅店裏一時開不到房間；二則他們兄弟來了，我又聽不懂說不通的蘇州話；三則我旣不願和他們一起玩，在上海也沒有別的事，第四天我就決先回去南京了。

我離上海回南京那天，唐先生要我到了南京給他滙欵來上海，因爲他的費用已被他的蘇州本家兄弟來濾超出了預算。結果他原定五天時間留滬，而超出了三天，也多用了許多錢。他那天離開上海時，不是我們原來的六個人，而是他們的唐家兄弟五人，其他四人在蘇州下車，唐先生也和我一樣，獨自一人回到南京的。

更奇妙的一件事，當唐先生到了南京下關車站下車時，碰到畢家秋也在出車站的行列之中，他就過去問畢家秋說：「家秋你來接誰的車？」

畢家秋反問道：「你從那裏來的？」

唐先生答說：「我是從上海來的。」

「從上海來的？」畢家秋很奇怪地問：「你今天才回來嗎？爲什麽躭擱了這許多日子？」

「因爲陪我的本家兄弟多玩了三四天，今天是和他們一道回來的，他們已在蘇州下車。」唐先生把躭擱的理由告訴了畢家秋。

「還有高佬和老葉呢？」畢家秋問：「他們倆囘來了沒有？」

「他們倆都囘來了，高永貞先囘來，老葉後囘來。」

畢家秋又問：「還有鄒先生夫婦，是幾時囘鎮江的？今天不和你一道來嗎？」

「你們兩兄弟到上海時，去法租界親戚家裏住，而他倆夫婦那天也不和我們住在一起，所以也不知幾時囘鎮江去。」唐先生這樣說明。

「哎啊，那末，只有他們兩夫婦可能一同囘去了，我們六個人眞的『海上分飛各自旋』了。」畢家秋補充說：「我也是今天才囘來的。」

唐先生愕然問道：「怎麽，你的哥哥呢？」

畢家秋道：「我們在杭州時，接到部中的電報，有公事上接洽，家兄去嘉興，大約前兩天才由蘇嘉鐵路轉來南京的。而我則奉令到潮州去一趟，所以今天才由杭州搭車到上海北站換車來的。」

唐先生聽了更愕然了，原來六個人眞的「海上分飛各自旋」了。

過了幾天，我們六人又在一個宴會上聚首。大家對於此次在木瀆時的卦辭莫不稱奇。但當時我們還不知鄒先生夫婦也是分飛回到鎮江的，後來一打聽，才知道他們兩夫妻原來是先後各自回到鎮江的，這實在太使我們驚嘆不已的奇事了！

我們因爲經過了這一次的體驗，大家對於命運以及卦課等事，更有深刻的認識。最初我們只是對錢存良的事當日就靈驗了引爲奇異；後來抗日戰爭爆發，畢家春、畢家秋兄弟之事也應驗了，鄒先生夫婦的離合也應驗了。

因而唐先生後來跟政府撤去重慶時，就決心跟一個善於命理和卜卦的朋友，也學上了相當精到的算命和卦課的事，勝利前後五年，他就靠這副業的收入，竟然多過正業收入十倍以上。

九：辮帥張勳　生來忠厚福相

民國初年有一件大事所謂「張勳復辟」；是當年滿清餘孽，官居「定武上將軍」、「長江巡閱使」掌握長江流域七省軍政大權的張勳，得到康有爲的合作，在北京恢復宣統爲帝，頭尾做了十二天的一齣滑稽大戲。張勳是一個十足不學無術，完全倚靠命運的人。世上有兩種人：一種是命中有「才」的人，一種命中有「福」的人，而張勳則是命中有福的人，雖然他不學無術，却能顯赫一時。歷史上凡是當過元首的，必定是這兩種人，創業的皇帝，大都是命中有才的人；繼承的皇帝，大都是命中有福的人。

張勳是滿清的武人，封疆大吏，雖然他到了民國還榮任長江巡閱使，衷心却對滿清盡忠，所以一直不曾把髮辮剪下來，因而當時有個著名的「張辮帥」的綽號。此人之所以對滿清盡忠，倒不是圖名圖利，而是一顆忠厚的心，也就是他一生有福的相格。

說起他的出身，完全關係於命運。他是江西省奉新縣赤田村人。他的父親是一個赤貧的農民。當他出世不久，父親生了一場大病，幾乎病死。家裏人都怨這孩子不吉，一出世就要使父親大病幾死。但因他是長子，鄉下人是很重視長子長孫的，父母仍然喜歡他。當他生下第三天，照例父母也替他請鄉下算命先生「定時」。赤田村是一個窮鄉僻壤，要去赤田村約十數里的江際村頭，才有算命先生。倘有錢的人家替長子長孫定時，都要把算命先生請到家裏來的，但張勳的家裏赤貧，連請算命先生都沒辦法，他父親就只好到江際頭村去請算命先生替他定時了。

說也奇怪，算命先生把這小孩子的八字定好了之後，驚奇地對張勳的父親說：「如果這孩子的出生時辰沒有錯的話，不久他的父母就被冲尅的危險。」

他的父親就問：「所謂冲尅是何情形？」

算命的說：「看他的父母的命根老不老，不老就要去世，否則要也大病一塲。」

他的父親說：「這孩子的八字好不好？若是不好，我就要把他過房去；若是好，我就是被尅也無妨，只要他能榮宗耀祖。」

算命先生囘答說：「老兄，恭喜你了，這孩子的八字太好了，他和許大人的八字一樣都是『身煞兩停』的大貴格局。」

張勳的父親雖然不懂什麼叫做「身煞兩停」的貴格，只聽見他的孩子八字和許大人同樣就笑逐眉開了。因爲他們所知道的許大人不是別人，就是這江際頭村的許振偉，是當時咸豐年間官居兩江總督的。

因而他就急問：「難道我這小孩眞的也有許大人的大貴命嗎？那我就被尅了是我的福薄，我能生有此子，我就死了也心甘意願的。」

「你這孩子的八字是甲寅，丙子，庚申，庚辰，是坐綠貴格，而殺又透出，寅申又冲，將來年少就要離家，去越遠越大地方越好，必是一個大武官，可能比許大人還要顯赫，因爲他的行運比許大人更好。」

算命先生又說：「這孩子你要好好地栽培他，要他做一個好人，因爲他將來握有生殺大權，幼時你要教他多讀一點聖人的書，要他學做一個好人，否則他當年當起武官很會殺人的！」

接着算命先生又替張勳的父親算算命，說他的大命不致於被尅只是難免大病一場。於是他的父親也就歡歡喜喜地回去了。本來他是不預備替孩子做彌月的，但因算命的說這孩子八字是這樣好，就勉强湊了錢替孩子請了滿月的酒。因爲要孩子不要兇惡，就給他乳名叫做「少兇」，意思長大了就不兇。後來張勳就改用「少軒」作爲別號。

孩子的八字雖然好，依當時他的家境，萬無能力談到栽培子弟成人的。但他父親因爲相信算命先生的話，决心不要使孩子跟他在一起，要他離家，去越遠越大的地方。因此，當時他就與這位算命先生交起朋友來，因爲當時這位算命先生就是江際頭村的私塾先生，而他自己的赤田村還沒有私塾，他預備孩子大了，就要送到這江際頭村來讀私塾的。

果然，過了十年張勳十歲，鄉下人所謂「雞上斤仔上十」，可以離家的了。父親爲把張勳送去江際頭村去讀私塾，每天是早晚要走十餘里路一來一去的。讀了四年私塾之後，私塾先生也就是那位算命先生，就找了一個機會，把張勳介紹給當時官居兩江總督的許振偉家中去當書僮。

許振偉自己在外做官，家裏設有書齋，延師教誨家中子弟，書齋中需要幾個書僮，每日帮助子弟們許多雜事的。張勳讀過四年書，自己也肯用功，爲人也很忠厚，所以私塾先生就把他介紹給許家，讓他有機會得到許家的栽培。

張勳這小孩雖然其貌不揚，却是一副忠厚相的小子，許家子弟對他都很好感。本來當書僮的，除書齋和各人書房中的打掃等事外，當然也有旁聽讀書的機會，也有和少爺們講論書本的機會。因此張勳在當書僮的幾年中，對於文字也確有進益。但這畢竟是不時的旁聽而已，當然不是他所滿意的。也因爲這個緣故，他不想在許家長當書僮下去，他想脫身去習武，爲的他自知學文已無望了，如果能去習武，也可能有功名。

有一年許家另由南昌聘來一個姓華的老師，這位華老師年紀差不多五十歲了，不特經史子集都博學，而對於星相醫卜，也樣樣皆精。他到許家不久就對許家的管家許五爺說：「那位張書僮的相貌不凡，將來大有前途，希望許家能栽培他，使其成才。」

不久，許振偉也囘家度歲，管家就把這事告訴許總督。許振偉自己也會看相，他就把張勳召來一看，果然相局不凡，絕非庸俗之子。

第二天，許振偉就和華老師談論張勳這小子的相格。華老師說：「這小子相局爲土形帶水，大貴且富無疑。他長大成人，將是一個矮胖子，爲人忠厚老實。同時他將來必是一位顯赫一時統領大軍的人物，但不是一個文官，只能出將，不能入相。」

許振偉就說：「我所見的也相同，這小子比我家子弟的相格都高貴，所可惜的只是武職，而非文職，則官運前途仍嫌有限罷了。」

最後談到對他的栽培問題，許振偉口頭上固然答應，想法栽培他向武事方面去求深造，但心中實際上並不願意，因爲當時許家是江西的第一戶，而依張勳的相格看，將來不止是兩江總督，而且和他同是奉新縣更是相去不過十餘里的鄉里，似乎有些嫉妒的意味，所以當時許振偉就說：「若是要栽培習武，那只有叫他去江南大營。」

這個所謂「江南大營」，乃滿清在江南招募兵勇的大本營，等於下級軍官學校，出身不高，將來也不會有什麽大前途的。華老師心中似乎也明白了許振偉的心意，就順從他的意思說：「如果能夠把他介紹入江南大營，也算這小子的鴻福了！」許總督只點點頭，口裏也沒有說什麽。

兩江總督和華老師談話的時候，原來張勳這小子躲在圍屏的後面，所以他們兩人所說關于他的話，統統都聽到了。他父親和那位私塾老師都未曾把算命的事告訴他，因爲恐怕小孩子知道自己的命好了，就會驕傲甚至倚靠命運，不肯奮勉，此時他聽到許大人和華老師說到自己相貌好；還比許家子弟相貌更好，將來會當武官，統領大軍，他暗中歡喜極了。也自那天起，他天天對着鏡子看看自己的面相；但看來看去，自己覺得只是一副鄉下人的相貌，土頭土腦的，一點也不如許家幾個少爺好看。

於是他懷疑華老師和許大人所說的話。他想，他們兩人都不是看相先生，怎麽會懂看相呢？恐怕是隨便說說笑話罷了。

有一天，他等待書齋放學之後，學生們都散去了，偷偷地跑到華老師面前，畢恭畢敬地說：「華老爺，我要請教你一件事可以嗎？」

華老師是一個舉人出身，所以學生們稱他爲老師，而書僮們要稱他爲老爺的，華老師平日對張勳印象很好，就笑笑地答道：「可以的，你問什麼要事？」

「我和許家諸位少爺都是人，何以他們能夠延師讀書，而我偏要當書僮而不能讀書呢？」張勳又說：「我的面相何以也不如他們好看，他們個個都是很斯文好看，而我只是和鄉下孩子一樣的？這是不是叫做命運，命運到底是一個什麼東西？你能看命運嗎？能不能給我看一看？」

華老師囘答說：「是的，這就是叫做命運，他們生於富貴之家，而你却生於貧賤之家，他們長得清秀，而你長得忠厚；他們可以習文，而你只宜習武。」

他又說：「不過，你只是現在比不上他們，但將來你也會很好的，只要你肯力求上進，將來也會和他們一樣富貴發達的。」

「我在這裏當書僮，怎樣有機會求上進呢？」張勳又說：「華老爺，你看我的命運該當學武不能學文嗎？我家裏又窮，我自己又愚笨，既不能學文，又那有機會去習武呢？」

華老師說：「要想學武，倒有機會。過了一年，你再大一歲，可以想法子去江南大營報名，將來就可以出來做武官的。」

張勳聽了滿心歡喜，他相信華老爺的話，希望再過一年大了一歲，就能得到機會進江南大營的。

但是，到了第二年正月，張勳這小孩子從各方面打聽，知道江南大營非得有力的人保薦不容易進去的。

於是他就趁許家書齋放學的時候去請教華老師，他對華老師說：「華老爺，你去年說我將來可以去習武，又說我今年大了一歲之後可以到江南大營去從軍，讀講武堂；但是，我家裏托人去查問，我自己也向人打聽，聽說那江南大營好難進去的，非有當朝有力的人保薦，他們不會招收的，像我這樣情形，那有福氣進大營呢？」

他又可憐地說：「華老爺，請你做個好事，再給我看看新年命，我今年是否可以不再在這裏當書僮，有沒有進大營的命運呢？」

「阿勳！」華老爺安慰張勳說：「前兩天我已把你的八字看過了，一過了清明，你就不會在這裏當書僮了。」華老爺這話把張勳聽得樂極了，他笑臉地說：「眞的嗎，華老爺，是否可到江南大營去？」他拱起雙手，向華老師作揖說：「謝謝你，華老爺，將來我若能得一官半職，一定要重重地謝謝你的！但願在淸明節前進入大營。」

華老師看見阿勳這小孩子實在忠厚老實，就對他說：「這事我去年曾對許老爺說過的，他也願意把你介紹去江南大營，下月他回來時，你自己要好好地去求他寫一封介紹信，有他的信，你就不用愁了。大營裏的人都是老爺的熟人，有的是他的學生或部下，只要有他的一張八行，你不特馬上可以進入大營，將來他們還會帮你的忙的。」

過了兩天，張勳想起以前有人拜求許老爺寫介紹信的，有的先把信寫好，帶來給許老爺一看，許老爺在信上印了一個圖章就算了。有時許老爺也叫華老爺代筆，寫好信再蓋圖章。於是他就求華老師先替許老爺代筆寫好信，讓下月許老爺回家時，他拿了信向許老爺懇求蓋圖章。

華老師看見阿勳這小孩子能夠想出這方便的辦法，心裏想：這小子現在就懂得這些官場上的手法，將來發達起來，必定是一個八面玲瓏的人物。本來華老師未經許振偉的面囑不能代筆寫信的，但為了帮助阿勳投身江南大營成功，同時阿勳是許家的書僮，可算是家裏自己人一樣，便答應了張勳的請求，替許振偉代筆寫了一封介紹信。

日子過得很快，下月到了，許家主人兩江總督許振偉回到江西奉新縣江際頭村的公館來了。從前官家都重視家裏子弟的業師，家裏上下人等都對老師十分尊敬的，許家當然也不例外。所以當天晚上許振偉就備筵與華老師共餐，請華老師上座。這是許家的老規矩，表示平日主人在外為官，不能對老師好好的招待，所以每次回來都備筵由許振偉親自招待，率同弟子到席，特意對老師謝勞的意思。

席間，許振偉和華老師兩人從國家天下事談到家裏子弟的學業，以及每個書僮的勤務時，華老師就順便向許振偉聲明道：「上月書僮阿勳，有志去江南大營習武，想求你替他介紹，要我為你代筆寫一封信，預備等你回來請你蓋印的。本來此信未經你吩咐不能寫，好在此事於去年曾和你談過，橫豎也要你過目蓋印的，所以我替你寫好了的，我得向你聲明。」

正在這時候，張勳也在那裏伺候少爺們坐席飲食，華老師就順便叫了張勳一聲說：

「阿勳我替你寫的那封信，你得拿來給老爺看看。」

「是，」張勳答應了聲，就伸手向衣袋中把那封信拿了出來，走到許振偉面前，先行打了一個揖，畢恭畢敬地雙手捧着信，呈給許振偉，說：「懇求老爺，栽培，栽培！感恩無盡，圖報有日！」

許振偉把信接過抽出一看，點點頭，對張勳說：「好的，先放在我的書桌上，等明天我給你蓋印。」

說罷，就隨手將原信交給張勳，張勳這小子雖然忠厚老實，但對於應接之事却十分靈機，他一接過信，馬上下跪向許振偉磕頭稱謝。之後，就把原信送入許振偉的書房裏去了。

席散後，許振偉就叫張勳到西廂花廳裏談話。「你想到江南大營去習武嗎？」許振偉說：「那封信是華老爺替你寫的還是你自己請華老爺寫的？」

「是我自己求老爺寫的。」張勳說：「求老爺栽培我到大營去習武，將來發達，都是感老爺的大恩！」

許振偉點點頭，一面看看張勳的氣色，確然今年三月間非動不可；因爲驛馬部位的氣色已經呈現了紫氣，照相理說，在這三十天內必定要離開許家到東北向去的，而且也必然是從書僮改登騰達的前程的。

許振偉看清楚了張勳這小子相貌之後，心裡就想：張勳今年能否進入江南大營，這命運完全操在我許振偉手中，我不給他蓋圖章他便去不成，讓我把這小子命運試試看，我不給他寫信，他的氣色又應將如何變化呢？本來許振偉是想明天給他蓋圖章的，這一想，暫時就不想給他蓋圖章了，固然他不一定就這樣做，只是暫時的念頭而已。

那時候距離清明節還有三十幾天，許振偉此次回家原預備在鄉下過清明節的，張勳這小子極懂禮貌，第二天當然不敢去催許振偉蓋章，同時他也知道老爺此次回家過清明節，此時距離清明節還遠，當然也不用太着急去請老爺蓋圖章的，再過幾天去催也還來得及。

眞想不到，許振偉在家裏只住十天光景，忽然接到公文須要即日動身進京去，於是只有半天功夫許振偉就匆匆地離開江際頭村趕到九江去了。在許振偉離家之前，張勳當然知道自己那封介紹信還在老爺案頭沒有蓋章印，但在那種情形下，他是一個小書僮，當然不敢啓口了。只是當他在門口送許老爺上轎時，曾對許振偉提一句，說：「老爺，我幾時可以離開公館？」

他原想這一問可以使許振偉記起介紹信的事，也不知到底是因爲許振偉忙得忘記了的，還是有意把他躭擱下來的，並不曾記起那封信之事，只轉過頭對管家吩咐一聲說：「准許書僮張勳隨時到江南大營去，並發給他一年薪餉。」許振偉說了就上轎去了。

許振偉走後，張勳心想：老爺既然這樣厚待我，也許那封信已經蓋好了圖章，只是忘記把給我，而我自己也沒有向他取。於是他急忙回頭跑進老爺書房把枱頭那封信取來一看，竟然老爺完全把這事忘記了，信上並未曾蓋印。此時張勳悵然默對那封華老爺代筆的信想了半天，似乎若有所思的樣子，就把那封信收回來，鄭重地放進自己的衣袋裏了。

第三天他向許公館管家告辭，說是要到九江江南大營報名，管家照許振偉的吩咐發給他一年的薪餉，臨走時，他要求管家給他一張上面蓋有兩江總督許公館圖章的路條，說是他先回赤田村家裏，兩三天之內就要由家裏動身到九江，自己年紀小，路上有了這路條可以方便的。

許公館管家因爲許振偉臨行時在門口曾說過「准許書僮隨時到江南大營去」的話，

當然就寫了張路條給他。張勳離開許公館的時候，也曾去拜別華老師，華老師和管家也都送他到二門。他們當然問過張勳，老爺那封介紹信收存好了沒有？他只答說帶在身邊了。他不會告訴他們那封信還沒有蓋印，而華老師和管家都以為那封信當經許振偉蓋好了印的，絕不會想到那信至今還未蓋印。

張勳拿了薪餉回到赤田杜家裏，取出兩江總督許振偉的介紹信和公館的路條給家裏以及鄰居觀看，說是他在許大人公館當書僮，現在得了出身，他就進入江南大營去讀講武堂去了，將來出來當武官帶兵打天下了。族裏和鄰居們頭一次看到兩江總督的八行大函和總督館的路條，眞是奇奇怪怪，羡慕得很，大家都在那裏議論，說是這路條可以通過關口，不受門勇盤查，百無禁忌的。

而張家族人就說這封兩江總督的八行，千金都求不到的，只要有這封介紹信，阿勳就可以進入江南大營讀講武堂，就可以受到優待，所有一切費用都豁免，食穿都是由公家供給，每月還有十兩銀子寄回家的，將來講武堂一出來，就是帶大兵的軍官，三五年之後，就要當起將軍來了。

自從前幾年張勳離家去江際頭村當書僮，這次總算得意回到家裏來了，他帶回許公館發給他的薪餉是官府的餉銀，一錠一錠雪亮的，把家裏的人看得眼花目呆，口中嘖嘖稱頌不置。張勳的父親就拿出官銀一錠，給族人和鄰居去傳觀。他們看了還不夠，每人都要伸手捫一捫、捏一捏，大家都說這都是靠阿勳的福氣，才有看到這官銀的眼福。

第二天，張勳的父親親自出馬，送他的愛子上九江去。據說這一去最快也要等一年之後才能回家一次，也可能三年之後才能回來的。所以張勳離家前兩天，族人和鄰居都爲他餞行請酒，據說這是自有赤田村以來從來沒有過族人和鄰居對一個幼年的孩子餞行的。

張勳隨他的父親離家後，在路上走了好幾天的路程，那張許公館所發的路條，眞使張勳的父親樂得說不盡的榮耀。他兩父子離赤田村不久，就經過奉新縣的一個渡頭收稅的關口，這路條的權勢，眞把張勳父子兩人意想不到的驚異。

那渡口稅關，本來是有名的嚴緊，因爲當時有走私的鴉片當常偷渡這渡口，張勳的父親每次經過這渡口，都由官府的兵勇和官吏盤問，搜查每一個過客的行李以及全身，他自己就不是帶行李，也沒有一次不被查全身的。

這一次他先行，張勳跟在後面，也準備受搜查的；所謂「淸明時節雨紛紛」，那天剛剛下雨，渡口上過客很多都立在雨中等待列隊進入檢查站。

還是張勳有臨時的聰明，他突然走在父親的前面，叫父親跟他走去，此時父親也記起了張勳身上有那一張許公館的路條走到前面去了。

但他心中還在躭慮，不曉得可否准他父子先行檢查。他想，如果能准他父子先行檢查過渡，則許公館的路條已夠靈了，而他自己也心滿意足了。

眞想不到，當張勳走到檢查人員面前，把那張路條遞給站中官吏一看，馬上就見效，官吏看了張勳一下，就問：「就是你本人到江南大營嗎？還有和你同行的人嗎？」

張勳答：「是，我就是張勳，是許公館的書僮。」

接着他轉過頭看他後面的父親，說：「還有我的父親送我去江南大營的。」

這時候，站中許多官吏和兵勇都走來看那路條。

「好的，你們兩人可以先出站上船過渡去，用不着檢查了！」那官吏說了一聲，就叫守閘的兵勇開閘，讓張勳父子兩人過去了。

此時站口上許多旅客們都愕然驚奇，注目他們兩父子，不知是什麽來頭，竟然不檢查過去了。

因爲九江是江西地界，也就是兩江總督許振偉的轄下，許振偉公館的路條，張勳又是公館裏的書僮，又是去江南大營，這三種特殊條件，當然在江西境內的各關卡沒有敢檢查他們的。

所以他兩父子由家裏到九江，一路上都是像奉新縣渡口站一樣的情形，毫無阻攔地通過的。

路上走了好幾天，順風順水地到了九江，父子倆到了江南大營的大門口，因警衛森嚴，把張勳的父親嚇得躡足不敢上前去。

仍是靠張勳畢竟在許公館多年，見過世面，尤其是他來此爲的就是進入大營，所以就帶他父親到大門口，又把那路條給門勇一看。

那門勇的班長看了路條，帶他兩人進入大門，到號房裏去見管帖的大爺了。

江南大營的號房大爺把張勳父子帶進總辦事廳去見胡長官。張勳照樣把路條和那張許振偉沒有蓋印的介紹信呈示。

胡長官看了就對張勳說：「怎麽許大人的信沒有蓋印呢？」

「是，許老爺這封信是吩咐華老爺代寫的，寫的那天他沒有蓋定印，本來他預備在家裏過淸明節的，後來臨時接到公文即日進京，所以忘了蓋圖章。」

張勳又指那張路條說：「走的那天，我在門口送行時曾對他說我幾時可去大營，他說隨時都可以去，又吩咐管家給我一年的薪餉，又叫管家發給我這路條，我以爲這信已經蓋好了印，那知他行後我到他的書房取信時，才發現還沒有蓋印。我想，大概他也記起了還沒有蓋印，所以吩咐管家發給我這一張路條作爲證明的。」

「就官場上的規例說，公文和函件沒有蓋印是不行的，但因這路條上面寫明『本公館書僮張勳，由許大人介紹前往江南大營受造』等字樣，所以今天才可以先准你暫時留營。我們當然不能去函詢問許大人；但我們應當去函許公館，問明此介紹函是否許大人所寫，並告知此信未蓋私章，等囘信到了，才能把你名字正式列入營部，並要先入伍六個月之後，才正式入講武堂上班。」張勳就這樣進入江南大營了。

後來有人說張勳當時入江南大營乃假造了一封許振偉的介紹信，其實並沒有，只是他很夠靈機，當時一發現信上沒有蓋印，就想出請管家發給他一張路條，果然這路條發生了證明功效的了。

說也奇怪，滿淸時代凡是官府用人的機關，主管大人都會看相，而且也以相貌作爲取捨的主要條件。

聽說，凡入江南大營的人，都要經過暫時留營幾天，由營中會看相的官長看過相之後，才決定去留，主要的看看有無「反骨」和「背逆」的相，因為滿清最怕漢人造反，而江南大營所招的都是漢人，更重要的要看看入營的人是否忠厚老實。

據說，張勳當時被錄取的並不是全靠許振偉的介紹信，而是看相長官在他的名册上面批了：「此子生來忠厚福相，他日必對國朝盡忠」等字樣。

聽說張勳後來也知道此事，所以更使他對滿清盡其孤臣孽子的忠心了。

也因為他有此生來的福相，才有他那樣庸人多福的結局。

占筮類			
1	擲地金聲搜精秘訣	心一堂編	沈氏研易樓藏稀見易占秘鈔本
2	卜易拆字秘傳百日通	心一堂編	
3	易占陽宅六十四卦秘斷	心一堂編	火珠林占陽宅風水秘鈔本
星命類			
4	斗數宣微	【民國】王裁珊	民初最重要斗數著述之一；未刪改本
5	斗數觀測錄	【民國】王裁珊	失傳民初斗數重要著作
6	《地星會源》《斗數綱要》合刊	心一堂編	失傳的第三種飛星斗數
7	《斗數秘鈔》《紫微斗數之捷徑》合刊	心一堂編	珍稀「紫微斗數」舊鈔秘本
8	斗數演例	心一堂編	
9	紫微斗數全書（清初刻原本）	題【宋】陳希夷	斗數全書本來面目；有別於錯誤極多的坊本
10－12	鐵板神數（清刻足本）——附秘鈔密碼表	題【宋】邵雍	無錯漏原版秘鈔密碼表　首次公開！
13－15	蠢子數纏度	題【宋】邵雍	蠢子數連密碼表打破數百年秘傳　首次公開！
16－19	皇極數	題【宋】邵雍	清鈔孤本附起例及完整密碼表研究神數必讀！
20－21	邵夫子先天神數	題【宋】邵雍	附手鈔密碼表研究神數必讀！
22	八刻分經定數（密碼表）	題【宋】邵雍	皇極數另一版本；附手鈔密碼表
23	新命理探原	【民國】袁樹珊	子平命理必讀教科書！
24－25	袁氏命譜	【民國】袁樹珊	
26	韋氏命學講義	【民國】韋千里	民初二大命理家南袁北韋
27	千里命稿	【民國】韋千里	
28	精選命理約言	【民國】韋千里	北韋之命理經典
29	滴天髓闡微——附李雨田命理初學捷徑	【民國】袁樹珊、李雨田	命理經典未刪改足本
30	段氏白話命學綱要	【民國】段方	民初命理經典最淺白易懂
31	命理用神精華	【民國】王心田	學命理者之寶鏡

心一堂術數古籍珍本叢刊　第一輯書目

62	地理辨正補註 附 元空秘旨 天元五歌 玄空精髓 心法秘訣等數種合刊	【民國】胡仲言	貫通易理、巒頭、三元、三合、天星、中醫
63	地理辨正自解	【清】李思白	公開玄空家「分率尺、工部尺、量天尺」之秘
64	許氏地理辨正釋義	【民國】許錦灝	民國易學名家黃元炳力薦
65	地理辨正天玉經內傳要訣圖解	【清】程懷榮	秘訣一語道破，圖文并茂
66	謝氏地理書	【民國】謝復	玄空體用兼備、深入淺出
67	論山水元運易理斷驗、三元氣運說附紫白訣等五種合刊	【宋】吳景鸞等	失傳古本《玄空秘旨》《紫白訣》
68	星卦奧義圖訣	【清】施安仁	三元玄空門內秘笈 清鈔孤本 過去均為必須守秘不能公開秘密 與今天流行飛星法不同
69	三元地學秘傳	【清】何文源	
70	三元玄空挨星四十八局圖說	心一堂編	
71	三元挨星秘訣仙傳	心一堂編	
72	三元地理正傳	心一堂編	
73	三元天心正運	心一堂編	
74	元空紫白陽宅秘旨	心一堂編	
75	玄空挨星秘圖 附 堪輿指迷	心一堂編	
76	姚氏地理辨正圖說 附 地理九星并挨星真訣全圖 秘傳河圖精義等數種合刊	【清】姚文田等	蓮池心法 玄空六法 門內秘鈔本首次公開
77	元空法鑑批點本――附 法鑑口授訣要、秘傳玄空三鑑奧義匯鈔 合刊	【清】曾懷玉等	
78	元空法鑑心法	【清】曾懷玉等	
79	曾懷玉增批蔣徒傳天玉經補註【新修訂版原（彩）色本】	【清】項木林、曾懷玉	
80	地理學新義	【民國】俞仁宇撰	揭開連城派風水之秘
81	地理辨正揭隱（足本） 附連城派秘鈔口訣	【民國】王邈達	
82	趙連城傳地理秘訣附雪庵和尚字字金	【明】趙連城	
83	趙連城秘傳楊公地理真訣	【明】趙連城	
84	地理法門全書	仗溪子、芝罘子	巒頭風水，內容簡核、深入淺出
85	地理方外別傳	【清】熙齋上人	巒頭形勢、「望氣」「鑑神」
86	地理輯要	【清】余鵬	集地理經典之精要
87	地理秘珍	【清】錫九氏	巒頭、三合天星，圖文並茂
88	《羅經舉要》附《附三合天機秘訣》	【清】賈長吉	清鈔孤本羅經、三合訣法圖解
89-90	嚴陵張九儀增釋地理琢玉斧巒	【清】張九儀	清初三合風水名家張九儀經典清刻原本！

占筮類			
121	卜易指南（二種）	【清】張孝宜	民國經典，補《增刪卜易》之不足
122	未來先知秘術——文王神課	【民國】張了凡	內容淺白、言簡意賅、條理分明
星命類			
123	人的運氣	汪季高（雙桐館主）	五六十年香港報章專欄結集！
124	命理尋源	【民國】徐樂吾	民國三大子平命理家徐樂吾必讀經典！
125	訂正滴天髓徵義		
126	滴天髓補註　附　子平一得		
127	窮通寶鑑評註　附　增補月談賦　四書子平		
128	古今名人命鑑		
129-130	紫微斗數捷覽（明刊孤本）［原（彩）色本］　附　點校本　（上）（下）	馮一、心一堂術數古籍整理編校小組　整理	明刊孤本　首次公開！
131	命學金聲	【民國】黃雲樵	民國名人八字、六壬奇門推命
132	命數叢譚	【民國】張雲溪	子平斗數共通、百多民國名人命例
133	定命錄	【民國】張一蟠	民國名人八十三命例詳細生平
134	《子平命術要訣》《知命篇》合刊	【民國】鄒文耀、【民國】胡仲言撰	《子平命術要訣》科學命理；《知命篇》易理皇極、命理地理、奇門六壬互通
135	科學方式命理學	閻德潤博士	匯通八字、中醫、科學原理！
136	八字提要	韋千里	民國三大子平命理家韋千里必讀經典！
137	子平實驗錄	【民國】孟耐園	作者四十多年經驗　占卜奇靈　名震全國！
138	民國偉人星命錄	【民國】囂囂子	幾乎包括所民初總統及國務總理八字！
139	千里命鈔	韋千里	失傳民初三大命理家-韋千里　代表作
140	斗數命理新篇	張開卷	現代流行的「紫微斗數」內容及形式上深受本書影響
141	哲理電氣命數學——子平部	【民國】彭仕勛	命局按三等九級格局、不同術數互通借用
142	《人鑑——命理存驗·命理擷要》（原版足本）附《林庚白家傳》	【民國】林庚白	傳統子平學修正及革新、大量名人名例
143	《命學苑苑刊——新命》（第一集）附《名造評案》《名造類編》等	【民國】林庚白、張一蟠等撰	史上首個以「唯物史觀」來革新子平命學結集
相術類			
144	中西相人探原	【民國】袁樹珊	按人生百歲，所行部位，分類詳載
145	新相術	【美國】李拉克福原著、【民國】沈有乾編譯	通過觀察人的面相身形、色澤舉止等，得知性情、能力、習慣、優缺點等
146	骨相學	【民國】風萍生編著	結合醫學中生理及心理學，影響近代西、日、中相術深遠
147	人心觀破術　附運命與天稟	【日本】管原如庵、加藤孤雁原著，【民國】唐真如譯	觀破人心、運命與天稟的奧妙

編號	書名	作者	說明
148	《人相學之新研究》《看相偶述》合刊	盧毅安	集中外大成，無不奇驗；影響近代香港相術名著
149	冰鑑集	【民國】碧湖鷗客	各家相法精華、相術捷徑、圖文並茂附名人照片
150	《現代人相百面觀》《相人新法》合刊	【民國】吳道子輯	失傳民初相學經典二種　重現人間！
151	性相論	【民國】余晉龢	民初北平公安局專論相學與犯罪專著（犯罪學生物學派）
152	《相法講義》《相理秘旨》合刊	韋千里、孟瘦梅	命理學大家韋千里經典、傳統相術秘籍精華
153	《掌形哲學》附《世界名人掌形》《小傳》	【民國】余萍客	圖文并茂、附歐美名人掌形圖及生平簡介
154	觀察術	【民國】吳貴長	可補充傳統相術之不足
堪輿類			
155	羅經消納正宗	【明】沈昇撰、【明】史自成、丁孟章合纂	失傳四庫存目珍稀風水古籍
156	風水正原	【清】余天藻	●積德為求地之本，形家必讀！ ●純宗形家，與清代欽天監地理風水主張大致相同
157	安溪地話（風水正原二集）		
158	《蔣子挨星圖》附《玉鑰匙》	傳【清】蔣大鴻等	窺知無常派章仲山一脈真傳奧秘
159	樓宇寶鑑	吳師青	陽宅風水必讀、 現代城市樓宇風水看法改革
160	《香港山脈形勢論》《如何應用日景羅經》合刊		香港風水山脈形勢專著
161	三元真諦稿本——讀地理辨正指南	【民國】王元極	被譽為蔣大鴻、章仲山後第一人 內容直接了當，盡揭三元玄空家之秘
162	三元陽宅萃篇		
163	王元極增批地理冰海　附批點原本地理冰海	【清】高守中　【民國】王元極	
164	地理辨正發微	【清】唐南雅	極之清楚明白，披肝露膽
165-167	增廣沈氏玄空學　附　仲山宅斷秘繪稿本三種、自得齋地理叢說稿鈔本（上）（中）（下）	【清】沈竹礽	玄空必讀經典！附《仲山宅斷》幾種鈔本及批點本，畫龍點晴、披肝露膽，道中刊印本未點破的秘訣
168-169	巒頭指迷（上）（下）	【清】尹貞夫原著、【民國】何廷珊增訂、批注	圖文并茂：龍、砂、穴、水、星辰九十九變 洩漏天機：蔣大鴻、賴布衣挨星秘訣及用法
170-171	三元地理真傳（兩種）（上）（下）	【清】趙文鳴	蔣大鴻嫡派真傳張仲馨一脈二十種家傳秘本、宅墓案例三十八圖，並附天星擇日
172	三元宅墓圖　附　家傳秘冊		
173	宅運撮要	【民國】尤惜陰（演本法師）、榮柏雲	撮三集《宅運新案》之精要
174	章仲山秘傳玄空斷驗筆記　附　章仲山斷宅圖註	【清】章仲山傳、【清】唐鷺亭纂	無常派玄空不外傳秘中秘！二宅實例有斷驗及改造內容
175	汪氏地理辨正發微　附　地理辨正真本	【清】蔣大鴻、姜垚原著、【清】汪云吾發微	蔣大鴻嫡派張仲馨一脈三元理、法、訣具體泄露
176	蔣大鴻家傳歸厚錄汪氏圖解	【清】蔣大鴻、【清】汪云吾圖解	
177	蔣大鴻嫡傳三元地理秘書十一種批注	【清】蔣大鴻原著、【清】汪云吾、【清】劉樂山註	三百年來最佳《地理辨正》註解！石破天驚！

178	《星氣(卦)通義(蔣大鴻秘本四十八局圖并打劫法)》《天驚秘訣》合刊	題【清】蔣大鴻 著	江西興國真傳三元風水秘本
179	蔣大鴻嫡傳天心相宅秘訣全圖附陽宅指南等秘書五種	【清】蔣大鴻編訂、【清】汪云吾、劉樂山註	蔣大鴻徒張仲馨秘傳陽宅風水「教科書」！
180	家傳三元地理秘書十三種		真天宮之秘 千金不易之寶
181	章仲山門內秘傳《堪輿奇書》附《天心正運》	【清】章仲山傳、【清】華湛恩	直洩無常派章仲山玄空風水不傳之秘
182	《挨星金口訣》、《王元極增批補圖七十二葬法訂本》合刊	[民國]王元極	秘中秘——玄空挨星真訣公開！字字千金！
183-184	《家傳三元古今名墓圖集附謝氏水鉗》《蔣氏三元名墓圖集》合刊(上)(下)	(清)孫景堂，劉樂山，張稼夫	蔣大鴻嫡傳風水宅案、幕講師、蔣大鴻、姜垚等名家多個實例，破禁公開！
185-186	《山洋指迷》足本兩種 附《尋龍歌》(上)(下)	【明】周景一	風水巒頭形家必讀《山洋指迷》足本！
187-196	蔣大鴻嫡傳水龍經注解 附 虛白廬藏珍本水龍經四種(1-10)	【清】蔣大鴻編訂、【清】楊臥雲、汪云吾、劉樂山註	蔣大鴻嫡傳一脈授徒秘笈 希世之寶 千年以來，師師相授之秘旨，破禁公開！完整了解蔣氏嫡派真傳一脈三元理、法、訣！附已知最古《水龍經》鈔本等五種稀見《水龍經》
197	批注地理辨正直解	【清】章仲山	無常派玄空必讀經典未刪改本！
198	《天元五歌闡義》附《元空秘旨》(清刻原本)		
199	心眼指要(清刻原本)		
200	華氏天心正運	【清】華湛恩	
201-202	批注地理辨正再辨直解合編(上)(下)	【清】蔣大鴻原著、【清】姚銘三再註、【清】章仲山直解	失傳姚銘三玄空經典重現人間！名家：沈竹礽、王元極推薦！
203	章仲山注《玄機賦》《元空秘旨》附《口訣中秘訣》《因象求義》等九種合刊	【清】章仲山	近三百年來首次公開！ 章仲山無常派玄空秘密，和盤托出！章仲山注《玄機賦》及章仲山原傳之口訣及筆記
204	章仲山門內真傳《三元九運挨星篇》《運用篇》《挨星定局篇》《口訣篇》等合刊	【清】章仲山、柯遠峰等	
205	章仲山門內真傳《大玄空秘圖訣》《天驚訣》《飛星要訣》《九星斷略》《得益錄》等合刊	【清】章仲山、冬園子等	
206	撼龍經真義	吳師青註	近代香港名家吳師青必讀經典
207	章仲山嫡傳《翻卦挨星圖》《秘鈔元空秘旨》 附《秘鈔天元五歌闡義》	【清】章仲山傳、【清】王介如輯撰	透露章仲山家傳玄空嫡傳學習次弟及關鍵不傳之秘
208	章仲山嫡傳秘鈔《秘圖》《節錄心眼指要》合刊		
209	《談氏三元地理大玄空實驗》附《談養吾秘稿奇門占驗》	【民國】談養吾撰	史上首次公開「無常派」下卦起星等挨星秘密之書
210	《談氏三元地理濟世淺言》附《打開一條生路》		了解談氏入世的易學卦德爻象思想
211-215	《地理辨正集註》附 《六法金鎖秘》《巒頭指迷真詮》《作法雜綴》等(1-5)	【清】尋緣居士	集《地理辨正》一百零八家註解大成精華 匯巒頭及蔣氏、六法、無常、湘楚等秘本 史上最大篇幅的《地理辨正》註解
216	三元大玄空地理二宅實驗(足本修正版)	【民國】尤惜陰(演本法師)、榮柏雲撰	三元玄空無常派必讀經典足本修正版

217	蔣徒呂相烈傳《幕講度針》附《元空秘斷》《陰陽法竅》《挨星作用》	【清】呂相烈	蔣大鴻門人呂相烈三元秘本三百年來首次破禁公開！
218	挨星撮要（蔣徒呂相烈傳）		
219-221	《沈氏玄空挨星圖》《沈註章仲山宅斷未定稿》《沈氏玄空學（四卷原本）》合刊（上中下）	【清】沈竹礽 等	揭開沈氏玄空挨星五行吉凶斷的變化及不同用法 章仲山宅斷未刪本、沈氏玄空學原本佚文、玄空挨星圖稿鈔本 大公開！
222	地理穿透真傳（虛白廬藏清初刻原本）	【清】張九儀	三合天星家宗師張九儀畢生地學精華結集
223-224	地理元合會通二種（上）（下）	【清】姚炳奎	分發兩家（三元、三合）之秘，會通其用 詳解注羅盤（蔣盤、賴盤）；義理、斷驗俱精
其他類			
225	天運占星學 附 商業周期、股市粹言	吳師青	天星預測股市，神準經典
226	易元會運	馬翰如	《皇極經世》配卦以推演世運與國運
三式類			
227	大六壬指南（清初木刻五卷足本）		六壬學占驗課案必讀經典海內善本
228-229	甲遁真授秘集（批注本）（上）（下）	【清】薛鳳祚	明清皇家欽天監秘傳奇門遁甲 奇門、易經、皇極經世結合經典
230	奇門詮正	【民國】曹仁麟	簡易、明白、實用，無師自通！
231	大六壬探源	【民國】袁樹珊	民初三大命理家袁樹研究六壬四十餘年代表作
232	遁甲釋要	【民國】徐昂	推衍遁甲、易學、洛書九宮大義！
233	《六壬卦課》《河洛數釋》《演玄》合刊		疏理六壬、河洛數、太玄隱義！
234	六壬指南（【民國】黃企喬）	【民國】黃企喬	失傳經典 大量實例
選擇類			
235	王元極校補天元選擇辨正	原【清】謝少暉輯、【民國】王元極校補	三元地理天星選日必讀
236	王元極選擇辨真全書 附 秘鈔風水選擇訣	【民國】王元極	王元極天昌館選擇之要旨
237	蔣大鴻嫡傳天星選擇秘書注解三種	【清】蔣大鴻編訂、【清】楊臥雲、汪云吾、劉樂山註	蔣大鴻陰陽二宅天星擇日日課案例！
238	增補選吉探源	【民國】袁樹珊	按表檢查，按圖索驥：簡易、實用！
239	《八風考略》《九宮撰略》《九宮考辨》合刊	沈瓞民	會通沈氏玄空飛星立極、配卦深義
其他類			
240	《中國原子哲學》附《易世》《易命》	馬翰如	國運、世運的推演及預言